Edition Akzente
Herausgegeben von
Michael Krüger

Jacques Derrida
ADIEU

Nachruf auf Emmanuel Lévinas

Aus dem Französischen
von Reinold Werner

Carl Hanser Verlag

Der französische Originaltitel lautet:
Adieu à Emmanuel Lévinas.

ISBN 978-3-446-23939-5

Umschlag: Nach einem Reihenentwurf von Klaus Detjen
Foto: Emmanuel Lévinas
Satz: Filmsatz Schröter GmbH, München
Printed in Germany

Adieu ist eine Rede, die anläßlich des Todes von Emmanuel Lévinas am 27. Dezember 1995 auf dem Friedhof von Pantin gehalten wurde.

Derlei Worte werden sehr schnell der Traurigkeit und der Nacht entrissen. Nie hätten wir gewagt, sie zu veröffentlichen, wäre die Initiative dazu nicht in erster Linie ausgelöst worden durch das Erscheinen eines kleinen Buches in Athen (AGRA-Verlag), das von Vanghelis Bitsoris mit großzügigem und anspruchsvollem Entgegenkommen herausgegeben wurde. Seine Anmerkungen, die wir hier wiedergeben, sind mehr als nur »Anmerkungen des Übersetzers«. Wir danken ihm zunächst einmal dafür, sie geschrieben, und dann auch, sie für uns übersetzt zu haben.

Das Wort zum Empfang war ein Jahr später, am 7. Dezember 1996, ein Vortrag, den wir anläßlich der Eröffnung einer *Hommage für Emmanuel Lévinas* im Richelieu-Hörsaal der Sorbonne gehalten haben. Die Veranstaltung hatte das *Collège International de Philosophie* unter der Leitung von Danielle Cohen-Lévinas organisiert, sie dauerte zwei Tage und trug den Titel »Visage et Sinaï« [»Antlitz und Sinai«].

Adieu

Schon seit langer, seit so langer Zeit hatte ich die Befürchtung, Emmanuel Lévinas *adieu* sagen zu müssen.

Ich wußte, daß mir dabei die Stimme brechen würde, vor allem, wenn ich es laut sagen müßte, hier, vor ihm, so nahe bei ihm, wenn ich dieses Wort aussprechen würde, das Wort »à-Dieu«, das ich in gewisser Weise ihm verdanke, jenes Wort, das zu denken[1] beziehungsweise anders auszusprechen er mich gelehrt hat.

Darüber nachzudenken, was Emmanuel Lévinas über das französische Wort »adieu« geschrieben hat – ich werde gleich noch einmal darauf eingehen –, macht mir hoffentlich Mut, hier das Wort zu ergreifen. Ich möchte es mit nackten Worten tun, die so kindlich und so wehrlos sind wie mein Leid.

An wen wendet man sich in einem solchen Augenblick? Und in wessen Namen maßt man sich das Recht an, es zu tun? Oft unterbrechen diejenigen, die hervortreten, um eine Rede zu halten, um eine öffentliche Rede zu halten, ein bewegtes Murmeln, einen verschwiegenen oder persönlichen Austausch, der einen im Innersten an den toten Freund oder Lehrmeister bindet; oft wenden sich diejenigen, die sich so auf einem Friedhof vernehmen lassen, *direkt, geradeheraus* an den, von dem man sagt, er sei nicht mehr, er sei nicht mehr lebendig, nicht mehr da, er könne nicht mehr antworten. Manchmal, mit Tränen in der Stimme, duzen sie den Anderen, der sein Stillschweigen bewahrt, sie richten ihre Worte ohne Umschweife und ohne Vermittlung an ihn, reden ihn an, grüßen ihn auch, oder sie vertrauen sich ihm an. Darin liegt nicht unbedingt eine konventionelle Notwendigkeit, nicht immer eine rhetorische Bequemlichkeit, was die Grabrede angeht. Eher geht es darum, sich durch das Sprechen hindurchzufinden da, wo es uns an Worten ermangelt, weil jede Sprache, die auf einen selbst, auf uns zurückfiele, etwas Anstößiges hätte, einem selbstbezogenen Diskurs ähnlich, der den Rückweg zur verwundeten Gemeinde, zu ihrer Tröstung und Trauer anträte, zu dem, was mit dem wirren und schrecklichen Ausdruck »Trauerarbeit« bezeichnet wird. Ein solches, mit dem Selbst beschäftigtes Reden liefe auf diesem Rückweg Gefahr, sich von dem abzuwenden, was hier Gesetz ist – das Gesetz der *Redlichkeit*: geradeheraus reden, sich direkt *an* den Anderen wenden und *für* den Anderen reden, den man geliebt und bewundert hat, noch bevor man *von* ihm spricht. Ihm *»adieu«* sagen, ihm, Emmanuel, und nicht nur an das erinnern, was er uns zuallererst über ein gewisses Adieu gelehrt hat.

Auch das Wort *»Redlichkeit«* habe ich schließlich anders vernommen und neu entdeckt, nachdem Emmanuel Lévinas es mir vermittelt hat. Unter all den Stellen, in denen er von Redlichkeit spricht, denke ich zuerst an eine aus den *Vier Talmud-Lesungen,* weil in ihnen die Redlichkeit das benennt, was, wie er sagt, »stärker als der Tod«[2] ist.

Doch hüten wir uns auch davor, in allem, was man als »stärker als der Tod« bezeichnet, ein Refugium oder ein Alibi oder gar eine Tröstung zu suchen. Um die Redlichkeit zu definieren, sagt Emmanuel Lévinas im »Text aus dem Traktat ›Schabat‹«[3] über das Bewußtsein, daß es »das Zwingende einer Richtung zum Anderen hin [ist], und nicht eine ewige Rückkehr zum Selbst«[4] oder etwa eine »Unschuld ohne Naivität, eine Redlichkeit, die nicht albern wirkt, absolute Redlichkeit, die auch absolute Selbstkritik ist, abgelesen von den Augen desjenigen, der das andere Ende dieser Redlichkeit ist und dessen Blick mich in Frage stellt. Bewegung hin zum anderen, die nicht zu ihrem Ausgangspunkt zurückkehrt wie der Zeitvertreib, der zur Transzendenz unfähig ist. Bewegung über die Sorge hinaus und stärker als der Tod. Redlichkeit, die *temimut* heißt und das Wesen Jakobs ist.«[5]

Mit derselben Meditation wurden wie stets, doch wie immer in einzigartiger Weise, alle großen Themen aufgegriffen, zu denen uns das Denken Emmanuel Lévinas' ermuntert hat; zunächst einmal das der Verantwortung, aber einer »grenzenlosen«[6] Verantwortung, die über meine Freiheit hinausgeht und ihr voraufgeht, eine des »bedingungslosen Ja«[7], wie es in diesem Text heißt, eines »Ja, das älter ist als die naive Spontaneität«[8], eines *Ja*, das zu jener Redlichkeit paßt, welche »ursprüngliche Treue gegenüber einer unauflösbaren Allianz«[9] meint. Die letzten Worte der Lektion gelten zwar dem Tod[10], doch nur, um ihm eben nicht das letzte Wort zu erteilen und auch nicht das erste. Sie erinnern uns an das ständige Motiv von etwas, das ein gewaltiges und stetiges Nachdenken über den Tod war, allerdings auf einem Weg, der sich der philosophischen Tradition von Platon bis hin zu Heidegger widersetzt hat. An anderer Stelle, noch bevor die Rede darauf kommt, was es mit dem Adieu auf sich hat, wird in einer der Schriften von der »extremen Redlichkeit des Antlitzes des Nächsten« als der »Redlichkeit im hilflosen Ausgeliefertsein an den Tod« gesprochen.[11]

Ich kann nicht und ich möchte auch gar nicht versuchen, einige Worte hier am *Werk* von Emmanuel Lévinas zu messen. Dieses ist so groß, daß man nicht einmal seine Umrandungen erkennen kann. Und man müßte damit beginnen, von ihm und von *Totalität und Unendlichkeit,* zum Beispiel, noch einmal denken zu lernen, was das ist, ein »Werk«[12] – und Fruchtbarkeit[13]. Man kann auch vertrauensvoll davon ausgehen, daß sich Jahrhunderte in Lektüren mit ihm auseinandersetzen werden. Dafür haben wir schon jetzt über Frankreich und Europa hinaus Tag für Tag Tausende von Anzeichen dank all der Arbeiten in so vielen Sprachen, dank so vieler Übersetzungen, so vieler Vorlesungen und Seminare, so vieler Kolloquien usw.; der Widerhall dieses Denkens hat den Lauf der philosophischen Reflexion *über* die Philosophie verändert, über das, was sie der Ethik, einem anderen Denken der Ethik, zuordnet, der Verantwortung, der Gerechtigkeit, dem Staat usw., einem anderen Denken des Anderen, einem weitaus neueren Denken als in so manch anderen Neuansätzen, weil es sich nach dem absoluten Vorrang des Antlitzes des Anderen richtet.

Jawohl, Ethik noch vor Ontologie, Staat oder Politik und jenseits ihrer, Ethik aber auch jenseits der Ethik. Eines Tages in der Rue Michel-Ange im Laufe eines jener Gespräche, deren Andenken mir so teuer ist, im Laufe eines jener von den Lichtblitzen seines Denkens, seiner Güte, seinem Lächeln erleuchteten Gespräche, sagte er zu mir: »Wissen Sie, man spricht oft von Ethik, wenn man beschreiben will, was ich mache, doch was mich letzten Endes interessiert, ist nicht Ethik, nicht Ethik allein, es ist das Heilige, die Heiligkeit des Heiligen.« Und da mußte ich an eine denkwürdige Trennwand denken, nämlich jene einmalige Scheidewand, die der von Gott verordnete und geschenkte Vorhang bildet, den Moses einem Besticker – oder eher noch einem Erfinder oder Künstler – anvertrauen soll und mit dem innerhalb des Heiligtums noch einmal das Allerheiligste abgetrennt werden soll.[14] Auch dachte ich daran, daß andere *Talmud-Lesungen* noch deshalb an Schärfe gewinnen, weil eine unentbehrliche Unterscheidung gemacht wird zwischen Heiligkeit und Heiligsein, das heißt dem Heiligsein des Anderen, dem Heiligsein der Person, von der Emmanuel Lévinas an anderer Stelle sagt, sie sei »heiliger als alles Land, auch wenn es sich bei dem Land um das Heilige Land handelt. Gemessen an einer sich beleidigt fühlenden Person ist dieses – heilige und verheißene – Land nichts weiter als Ödnis und Wüste, ein Haufen aus Holz und Stein«.[15]

Diese Betrachtung der Ethik, der Transzendenz des Geheiligten im Unterschied zum Sakralen, das heißt zum Paganismus der Wurzeln und zur Vergötterung des Ortes, war, wie man weiß, untrennbar verbunden mit der stetigen Reflexion über das Geschick und das Denken Israels gestern, heute und morgen, nicht nur indem das Erbe der biblischen und talmudischen Tradition erneut befragt und erneut behauptet wurde, sondern auch angesichts des entsetzlichen Andenkens aus unserer Zeit. Dieses Andenken hat absolut jeden dieser Sätze diktiert, auch wenn Lévinas gelegentlich gegen einen bestimmten, der Selbstrechtfertigung dienenden Mißbrauch protestiert hat, zu dem dieses Andenken und der Bezug auf den Holocaust manchmal geführt haben.

Doch ich verzichte auf Kommentare und Fragestellungen und möchte ganz einfach demjenigen Dank sagen, dessen Denken, Freundschaft, Vertrauen und »Güte« (und ich verleihe diesem Wort »Güte« die ganze Tragweite, die ihm auf den letzten Seiten von *Totalität und Unendlichkeit* zugesprochen wird[16]) für mich und für so viele andere eine lebendige, eine so lebendige, so beständige Quelle waren, daß ich nicht in der Lage bin zu denken, was ihm oder mir heute widerfährt, nämlich eine Unterbrechung, so etwas wie ein Nicht-Antworten in einer Antwort, die für mich nie aufhören wird, solange ich lebe.

Nicht-Antwort: Sie wissen sicher, daß Emmanuel Lévinas in seiner bewundernswerten Vorlesung 1975/76 (also vor genau zwanzig Jahren), *Der Tod und die Zeit*[17], in der er den Tod als Geduld der Zeit definiert[18] und sich auf eine großangelegte und würdige, kritische Auseinandersetzung mit Platon, Hegel, vor allem aber Heidegger einläßt, den Tod, einen Tod, der »für das Angesicht des Anderen empfänglich [macht]«[19], wiederholt als *Nicht-Antwort* definiert[20]; er »ist Ohne-Antwort«[21], heißt es. Und an anderer Stelle: »Es handelt sich hier um ein Ende, das stets die Ambiguität eines Weggangs ohne Wiederkehr, eines Ablebens, aber auch eines Skandals (›Kann das wahr sein, daß er tot ist?‹), einer Nicht-Antwort und meiner Verantwortung hat.«[22]

Der Tod: zunächst einmal nicht so sehr Vernichtung, Nicht-Sein oder Nichts, als vielmehr für den Überlebenden eine gewisse Erfahrung der »Nicht-Antwort«. Schon in *Totalität und Unendlichkeit* wurde die traditionelle, »philosophische und religiöse« Deutung des Todes, sei es als »Übergang ins Nichts«, sei es als »Übergang zu einer Existenz, die anders ist«, in Frage gestellt.[23] Der Mörder würde den Tod als Nichts deuten wollen, Kain zum Beispiel, der, wie Emmanuel Lévinas sagt, »dieses Wissen um den Tod besessen haben [muß]«.[24] Aber selbst dieses Nichts präsentiert sich als »eine Art Unmöglichkeit« oder, genauer noch, als Verbot.[25] Das Angesicht des Anderen verbietet mir zu töten, es sagt mir: »Du sollst nicht töten«[26], auch wenn diese Möglichkeit vorausgesetzt bleibt aufgrund des Verbotes, das sie unmöglich macht. Diese Frage ohne Antwort, diese Frage des Ohne-Antwort wäre demnach unableitbar, uranfänglich wie das Tötungsverbot, ursprünglicher als die Alternative von »Sein oder Nicht-Sein«[27], die nicht die erste oder letzte Frage ist. »Sein oder nicht sein«, so schließt ein anderer Essay, »ist vermutlich nicht die eigentliche Frage.«[28]

Ich entnehme dem für heute, daß sich unsere unendliche Traurigkeit vor dem hüten sollte, was sich in der Trauer dem Nichts zuwenden könnte, was also noch, und sei es potentiell, die Schuld an den Mord bindet. Lévinas spricht sehr wohl von der Schuld des Überlebenden, doch handelt es sich dabei um eine Schuld ohne Vergehen und ohne Verpflichtung; in Wirklichkeit ist es eine *anvertraute Verantwortung*, und zwar anvertraut in einem Augenblick beispielloser Erschütterung, in jenem Augenblick, wo der Tod die absolute Ausnahme bleibt.[29] Um dieser beispiellosen Erschütterung Worte zu verleihen, einer Erschütterung, die ich hier empfinde und mit Ihnen teile, die Scham verbietet es, sie zur Schau zu stellen – um ohne Heimlichkeit, ohne persönliche Zurschaustellung näher zu erläutern, inwiefern diese außerordentliche Erschütterung etwas mit anvertrauter, als Erbschaft anvertrauter Verantwortung zu tun hat, möchte ich, wenn Sie gestatten, noch einmal Emmanuel Lévinas das Wort geben, dessen Stimme ich heute so gern hören würde, wie sie vom »Tod des Anderen« oder vom »ersten Tod« spricht, da wo ich »für den Tod des Anderen verantwortlich [bin]«[30], oder auch von folgendem aus der Vorlesung von 1975/76:

Trotz allem, was er auf den ersten Blick zu sein schien, ist der Tod einer Person eine empirische Faktizität (Tod als empirische Tatsache, deren Universalität nur durch Induktion suggeriert werden könnte); er erschöpft sich nicht in dieser Erscheinungsform. Jemand, der sich durch seine Nacktheit – das Angesicht – ausdrückt, ist jemand, der dadurch an mich appelliert, jemand, der sich in meine Verantwortung begibt: Von nun ab bin ich für ihn verantwortlich. All die Gesten des Anderen waren an mich gerichtete Zeichen. Um die oben genannte Abstufung wieder aufzunehmen: sich zeigen, sich ausdrükken, sich verbinden, *mir anvertraut sein*. Der Andere, der sich ausdrückt, ist mir anvertraut (und es gibt keine bezahlbare Schuld im Hinblick auf den Anderen – denn das Geschuldete ist unbezahlbar: Man ist niemals »quitt«). [Weiter unten ist die Rede von einer Pflicht des Ich jenseits aller Schuld, eines Ich, das nur deshalb ist, was es ist, nämlich einzigartig und identifizierbar, aufgrund der Unmöglichkeit, sich ersetzen zu lassen da, wo doch die »Verantwortung für den Anderen«, die »Geiselverantwortung«, die Erfahrung von Stellvertretung[31] und Opfer ist.] Der Andere individualisiert mich durch die Verantwortung, die ich für ihn habe. Der Tod des Anderen, der stirbt, betrifft mich in meiner Identität selbst als ein verantwortungsvolles Ich [...] aus unsagbarer Verantwortung. Mein Betroffensein durch den Tod des Anderen macht gerade meine Beziehung zu seinem Tod aus. In meiner Beziehung, meinem Mich-Beugen vor jemandem, der nicht mehr antwortet, ist diese Affektion bereits Schuld – Schuld des Überlebenden.[32]

Und weiter unten:

Der Bezug zum Tod in seiner Ex-zeption – und ganz gleich, welche Bedeutung er in bezug auf das Sein und auf das Nichts haben mag, er ist eine Exzeption –, die dem Tod seine Tiefe verleiht, ist weder Sehen noch Gerichtetsein (weder das Sein sehen, wie bei Platon, noch auf das Nichts gerichtet sein, wie bei Heidegger), rein emotionaler Bezug, erschütternd aufgrund einer Empfindung, die nicht aus einer Rückwirkung auf unsere Sensibilität und unseren Intellekt, aus einem vorgängigen Wissen erwächst. Es handelt sich um eine Emotion, eine Bewegung, eine Unruhe im *Unbekannten*.[33]

Unbekannt ist hervorgehoben. »Unbekannt« meint nicht die negative Begrenzung einer Erkenntnis. Bei diesem Nicht-Wissen handelt es sich um ein Element der Freundschaft bzw. der Gastfreundschaft mit Hinblick auf die Transzendenz des Fremden, die unendliche Distanz zum Anderen. »Unbekannt« ist auch das Wort, das Maurice Blanchot für den Titel seiner Abhandlung »Connaissance de l'inconnu« wählte[34], die er dem gewidmet hat, der seit der Begegnung 1923 in Straßburg zum Freund, ja, zur Freundschaft des Freundes wurde.

Die absolute Treue, die beispielhafte Geistesfreundschaft, die *Freundschaft* zwischen Maurice Blanchot und Emmanuel Lévinas hatte für viele unter uns ohne Zweifel, für mich ganz sicher, etwas Begnadetes; sie bleibt ein Segen dieser Zeit und aus vielerlei Gründen ein Glück, das auch diejenigen segnet, die das ganz besondere Privileg hatten, mit dem einen und dem anderen befreundet zu sein. Um noch einmal hier und heute Blanchot für und mit Lévinas sprechen zu hören, wie mir das in ihrer Gesellschaft an einem glücklichen Tag im Jahre 1968 vergönnt war, möchte ich ein paar Zeilen zitieren. Nachdem er das benannt hat, was uns vom Anderen ausgehend hinreißt, nachdem er von einem gewissen »Hinweggerissenwerden«[35] (dieses Wort kommt bei Lévinas häufig vor, wenn er vom Tod spricht[36]) gesprochen hat, sagt Blanchot:

> Doch man sollte an der Philosophie nicht verzweifeln. Emmanuel Lévinas' Buch [*Totalität und Unendlichkeit*], in dem sie, so scheint mir, gewichtiger als je heutzutage zu Worte kommt und, wie es sich gehört, unsere Denkweisen bis hin zur oberflächlichen Verbeugung vor der Ontologie in Frage stellt, richtet einen Appell an uns; es ruft uns zur Verantwortung auf für das, was sie im wesentlichen ist: in aller Klarsicht und mit dem ihr eigenen ungeheueren Anspruch die Idee des Anderen in sich aufzunehmen, das heißt die Beziehung zum Anderen. Darin liegt ein neuer Aufbruch der Philosophie und ein Sprung, den auszuführen sie und wir aufgerufen sind.[37]

Wenn die Beziehung zum Anderen eine unendliche Trennung bedeutet, eine unendliche Unterbrechung, in der das Antlitz aufscheint, was geschieht dann, wo und wem geschieht es, wenn eine andere Unterbrechung, herzzerreißende Unterbrechung inmitten der Unterbrechung, mit dem Tod diese erste Trennung noch einmal mit Unendlichkeit aushöhlt? Wenn ich Unterbrechung sage, muß ich, wie sicherlich auch einige von Ihnen, an die Angst vor der Unterbrechung denken, die ich bei Emmanuel Lévinas spüren konnte, wenn er zum Beispiel am Telephon jeden Augenblick das Gesprächsende und das Schweigen bzw. das Verschwinden, das »Ohne-Antwort« des anderen zu befürchten schien, den er sogleich zurückrief und mit einem »Hallo, hallo« zwischen den Sätzen, gelegentlich auch mitten im Satz, zu sich zurückholte.

Was also geschieht, wenn ein großer Denker schweigt, den man lebend gekannt hat, den man gelesen und wiedergelesen und auch gehört hat, von dem man noch eine Antwort erwartete, so als ob sie einem dabei helfen müßte, nicht nur anders zu denken, sondern auch anders zu lesen, was man unter seiner Signatur schon gelesen zu haben glaubte, und der alles in sich und bei sich behielt, alles und noch viel, viel mehr als das, was man darin schon wiedererkannt zu haben glaubte?

Das ist eine Erfahrung, von der ich jetzt schon weiß, daß sie mit Emmanuel Lévinas und seinen Gedanken, die Quellen sind, endlos sein wird, daß ich nämlich nicht aufhören werde, mit ihnen wieder und wieder das Denken anzufangen, und zwar von dem Neubeginn an, den sie mir schenken – und ich werde immer wieder anfangen, sie neu zu entdecken über jedwedes Thema. Immer wenn ich Emmanuel Lévinas lese oder wiederlese, bin ich wie aufgeheitert vor Dankbarkeit und Bewunderung, aufgeheitert von jener Notwendigkeit, die kein Zwang ist, sondern eine sehr sanfte Kraft, die verpflichtend ist und die dazu verpflichtet, den Raum des Denkens nicht anders zu wölben in seiner Hinsicht auf den Anderen, vielmehr jene andere heteronomische Wölbung[38] anzuerkennen, die uns wieder zum Ganz Anderen führt (das heißt zur Gerechtigkeit, wie er es irgendwo in einer gewaltigen und großartigen Ellipse sagt: die Beziehung zum Anderen, so sagt er, das heißt die Gerechtigkeit[39]), entsprechend dem Gesetz, das dazu aufruft, den anderen, unendlichen Vorrang des Ganz Anderen anzuerkennen.

Wie jener Ruf ist es da, um unauffällig aber unwiderruflich Gedankengänge zu stören, die am Ende dieses Jahrtausends als die haltbarsten und sichersten galten, allen voran die von Husserl und Heidegger, die Lévinas übrigens vor mehr als 65 Jahren in Frankreich eingeführt hatte. Denn dieses Land, dessen Gastlichkeit er liebte (und *Totalität und Unendlichkeit* zeigt, daß nicht nur »das Wesen der Sprache Güte ist«, sondern daß darüber hinaus »das Wesen der Sprache Freundschaft und Gastlichkeit ist«[40]), dieses gastliche Frankreich verdankt ihm neben so vielen anderen Dingen, neben so vielen anderen Einflüssen wenigstens zwei Durchbrüche im Denken, zwei Einweihungsakte, deren Tragweite heute nur schwer zu ermessen ist, weil sie inzwischen in die Grundlagen unserer philosophischen Kultur eingegangen sind, deren Landschaft sie zunächst verwandelt hatten.

Da war zunächst, um es kurz und bündig zu sagen, ab 1930

mittels Übersetzungen und interpretierenden Lektüren die erste Öffnung hin zu Husserls Phänomenologie, die danach ungezählte französische philosophische Strömungen erfaßt und befruchtet hat; dann, in Wirklichkeit zu gleicher Zeit, diejenige hin zum Denken Heideggers, die nicht weniger zählte in der Genealogie ungezählter französischer Philosophen, Lehrer und Studenten. Husserl und Heidegger gleichzeitig also, ab 1930.

Gestern abend wollte ich ein paar Seiten in jenem außerordentlichen Buch[41] lesen, das für mich wie für viele andere vor mir der erste und beste Wegweiser war. Ich habe in ihm Sätze unterstrichen, die inzwischen Geschichte gemacht haben und dabei helfen, den Weg zu ermessen, den zu beschreiten es uns geholfen hat. Im Jahre 1930 sagte ein junger Mann von 23 Jahren in dem Vorwort, das ich lächelnd, ihm zulächelnd, wiedergelesen habe: »Die Tatsache, daß die Phänomenologie in Frankreich noch keine allseits bekannte Lehre ist, hat uns bei der Niederschrift dieses Buches in große Verlegenheit gebracht.«[42] Oder auch da, wo von der »so gewaltigen und originellen Philosophie M. Heideggers«[43] die Rede ist, »deren Einfluß auf dieses Buch man häufig erkennen wird«[44], erinnert dasselbe Buch auch daran, daß – ich zitiere – »das Problem, das sich die transzendentale Phänomenologie hier stellt, sich an einem ontologischen Problem in dem sehr spezifischen Sinne orientiert, den Heidegger diesem Terminus verliehen hat«.[45]

Das zweite Ereignis, die zweite philosophische Schockwelle, ja, ich würde sogar sagen, das glückliche Trauma (»Trauma« in dem Wortsinn, auf den er gern zurückkam, das »Trauma des Anderen«[46], das vom Nächsten herrührt) war, daß Emmanuel Lévinas, ausgehend von seiner Tiefenlektüre und Neudeutung der Denker, die ich eben genannt habe, aber auch so vieler anderer, sowohl Philosophen, Descartes, Kant und Kierkegaard, als auch Schriftsteller, Dostojewskij, Kafka,

Proust usw., und indem er sein Wort über Veröffentlichungen, seine Lehre und seine Vorträge hat verlauten lassen (in der »Ecole normale israélite orientale«, am »Collège philosophique«, an den Universitäten von Poitiers und Nanterre, in der Sorbonne), langsam die Achse, die Kursrichtung oder die Ordnung der Phänomenologie bzw. der Ontologie als solche verrückt hat, die er ab 1930 in Frankreich eingeführt hatte. So zerrüttete er ein weiteres Mal die landschaftslose Landschaft des Denkens; er tat es würdig, ohne zu polemisieren, gleichzeitig von innen heraus, treu, und von sehr weit her, von der Versicherung eines ganz anderen Ortes aus. Und ich glaube, daß das, was da geschehen ist, bei dieser zweiten Ortung, in dieser zweiten Zeit, die weitaus höher hinausführte als die erste, auf eine unauffällige, aber unwiderrufliche Mutation hinauslief, auf eine jener nachhaltigen, einzigartigen, seltenen Provokationen, die in der Geschichte seit mehr als zweitausend Jahren unauslöschbar den Raum und den Körper dessen markiert haben, was mehr ist oder weniger, jedenfalls anderes als ein bloßer Dialog zwischen jüdischem und anderem Denken, dem der Philosophien griechischer Herkunft etwa oder der in der Tradition eines gewissen »Hier bin ich«[47] stehenden, anderen abrahamitischen Monotheismen. Sie ist vorübergegangen, diese Mutation, sie ist *durch ihn* hindurchgegangen, hat angefangen mit Emmanuel Lévinas, im klaren, zuversichtlichen, ruhigen und bescheidenen Bewußtsein einer immensen Verantwortung, glaube ich, dem Bewußtsein eines Propheten.

Ein Zeichen für jene historische Schockwelle ist der Einfluß, den dieses Denken weit über die Philosophie hinaus, weit auch über das jüdische Denken hinaus auf gewisse Milieus ausgeübt hat, wie zum Beispiel auf das der christlichen Theologie. Erlauben Sie mir, den Tag in Erinnerung zu rufen, an dem wir uns beide im Rahmen des »Congrès des Intellectuels Juifs« einen Vortrag von André Néher anhörten;

Emmanuel Lévinas zog mich beiseite und sagte mit der sanften Ironie, die uns so vertraut ist: »Sehen Sie, er ist der protestantische Jude, und ich bin der katholische« – Scherz, der eine ausführliche und ernsthafte Reflexion verdient.

Wir hatten das Glück, das, was da zweifelsohne stattgefunden hat, durch ihn, dank seiner, als Lebende von ihm, dem Lebenden, empfangen zu haben, gleich der Übertragung einer Verantwortung von Leben auf Leben; wir tragen aber auch die Verantwortung, ihm etwas zu verdanken, aus einer leichten und unschuldigen Schuld heraus. Eines Tages, im Rahmen seiner Untersuchungen über den Tod und darüber, was diese Heidegger zu verdanken hatten zu einem Zeitpunkt, als sie sich von ihm verabschiedeten, schrieb Lévinas: »Sie unterscheidet sich demnach vom Denken Heideggers, ganz gleich wie groß auch immer die Schuld sein mag, in der jeder zeitgenössische Denker Heidegger gegenüber steht – oft sehr ungern.«[48] Nun, das Glück bei unserer Schuld gegenüber Lévinas liegt darin, daß wir sie ohne Bedauern und mit einer freudigen Unschuld der Bewunderung auf uns nehmen und bekräftigen können. Sie verweist auf das bedingungslose *Ja*, von dem ich vorhin gesprochen habe, auf das sie mit einem »Ja« antwortet. Das Bedauern, mein Bedauern, besteht darin, es ihm nicht zur Genüge gesagt zu haben, nicht zur Genüge gezeigt zu haben während jener dreißig langen Jahre, in deren Verlauf wir uns in der Verschämtheit von Schweigemomenten, im Rahmen kurzer und diskreter Unterhaltungen und allzu verdeckter oder zurückhaltender Schriftstücke gegenseitig zugewandt haben in einer Weise, die ich nicht als Fragen oder Antworten bezeichnen würde, sondern eher, und hier greife ich ein anderes Wort von ihm auf, als »Frage, Bitte«, eine Frage-Bitte, von der er sagt, sie ginge noch dem Dialog voraus.[49]

Diese Frage-Bitte, die mich zu ihm hin brachte, hatte vielleicht schon Anteil an jener Erfahrung des à-Dieu, mit der ich vorhin begonnen habe. Das Heil des à-Dieu bedeutet nicht Ende. »Das à-Dieu ist keine Finalität«, sagt er unter Zurückweisung jener Alternative zwischen Sein und Nichts, die nicht die allerletzte ist. Das à-Dieu grüßt den Anderen jenseits des Seins in dem, was jenseits des Seins das Wort Ruhm bedeutet.[50] »Das à-Dieu ist kein Seinsprozeß: bei der Anrufung werde ich auf den anderen Menschen verwiesen, aufgrund dessen jene Anrufung erst bedeutet, auf den Nächsten, um den ich fürchten muß.«[51]

Doch ich hatte gesagt, daß ich nicht nur an das erinnern wollte, was er uns von dem à-Dieu anvertraut hat, sondern ihm zuallererst *adieu* sagen wollte, ihn bei seinem Namen nennen und seinen Namen nennen wollte, seinen Vornamen, so wie er sich nennt in dem Augenblick, in dem er, sollte er nicht mehr antworten, auch in uns antwortet, im Grunde unseres Herzens, in uns, aber noch vor uns, in uns, hier vor uns – uns rufend, uns zurückrufend: »à-Dieu«.

Adieu, Emmanuel.

Anmerkungen

Diese Anmerkungen verfaßte Vanghelis Bitsoris für seine griechische Übersetzung von *Adieu* im Verlag AGRA (1996).

1 Vgl. J. Derrida, »Donner la mort« *(L'Ethique du don,* Ed. Métailié – Transition, Paris, 1992, S. 50-51): »Ich gehe davon aus, daß *Adieu* wenigstens drei Dinge bedeuten kann: 1. Einen Gruß oder eine Segenspendung (noch vor jeder feststellenden Sprache kann ›Adieu‹ auch ›Guten Tag‹, ›Ich sehe dich‹, ›Ich sehe, daß du da bist‹ bedeuten, ich spreche dich an, noch bevor ich dir egal was sage – und im Französischen kommt es in bestimmten Orten vor, daß man sich *Adieu* im Moment des Zusammentreffens und nicht des Auseinandergehens sagt). 2. Einen Gruß oder eine Segenspendung zum Zeitpunkt der Verabschiedung, des Auseinandergehens, möglicherweise für immer (was nie auszuschließen ist): ohne Wiederkehr hienieden im Augenblick des Todes. 3. Ein ›bei Gott‹, ›für Gott‹ oder ›vor Gott‹ vor allem anderen und bei jeder Beziehung zum Anderen, bei jedem anderen ›Adieu‹. Jede Beziehung zum Anderen wäre vor und nach allem anderen ein Adieu.«

2 E. Lévinas, *Vier Talmud-Lesungen,* Verlag Neue Kritik, Frankfurt/M., 1993, S. 91.

3 Es handelt sich um die »Zweite Lektion« der *Vier Talmud-Lesungen.*

4 *Ebd.*, S. 91.

5 *Ebd.*

6 Siehe zum Beispiel *ebd.*, S. 94: »Gewiß, meine Verantwortung für alle kann sich auch zeigen indem sie sich begrenzt: Das Ich kann im Namen dieser grenzenlosen Verantwortung aufgerufen sein, sich auch um sich selbst zu sorgen.«

7 »Begingen wir nicht den Leichtsinn, zu behaupten, das erste Wort, das alle anderen möglich machte, sogar das Nein der Negativität, sogar das ›Zwischen‹ der ›Versuchung der Versuchung‹, sei ein bedingungsloses Ja gewesen?« *Ebd.*, S. 92.

8 *Ebd.*

9 *Ebd.*

10 *Ebd.*, S. 94.

11 E. Lévinas, »La mauvaise consciense et l'inexorable« [»Das schlechte Gewissen und das Unerbittliche«], in: *Exercices de la patience*, Nr. 2, Winter 1981, S. 111 f.

12 Siehe zum Beispiel *Totalität und Unendlichkeit*, Freiburg/München, Verlag Karl Alber, 1993, S. 256-261. In »La Trace de l'autre« [»Die Spur des Anderen«] (1963) hat Lévinas das Werk folgendermaßen definiert: »*Das radikal gedachte Werk ist in der Tat eine Bewegung vom Selben zum Anderen, die nie mehr zum Selben zurückführt.* Dem Mythos von Odysseus, der nach Ithaka zurückkehrt, würden wir die Geschichte Abrahams entgegensetzen, der endgültig seine Heimat für ein noch unbekanntes Land aufgibt und seinem Diener untersagt, nicht einmal seinen Sohn an den Ausgangsort zurückzubringen. Bis zu Ende gedacht, verlangt das Werk radikale Großzügigkeit vom Selben, der im Werk auf den Anderen zugeht. Folglich verlangt es *Undankbarkeit* auf seiten des Anderen. Denn *Dankbarkeit* wäre ja gerade die *Rückkehr* der Bewegung zum Ursprung.« *En découvrant l'existence avec Husserl et Heidegger*, Ed. Vrin, Paris, 1967, S. 191. Vgl. auch J. Derrida, »En ce moment même dans cet ouvrage me voici«, in: *Textes pour Emmanuel Lévinas*, Ed. Jean-Michel Place, Paris, 1980, S. 48-53.

13 S. zum Beispiel *Totalität und Unendlichkeit*, a. a. O., S. 390-395, bes. S. 391, wo Lévinas Fruchtbarkeit und Werk in Beziehung setzt.

14 *Exodus*, 26,31: »Du sollst einen Vorhang machen aus blauem und rotem Purpur, Scharlach und gezwirnter feiner Leinwand und sollst Cherubim einweben in kunstreicher Arbeit [...] Und du sollst den Vorhang an die Haken hängen und die Lade mit dem Gesetz hinter den Vorhang setzen, daß er euch eine Scheidewand sei zwischen dem Heiligen und dem Allerheiligsten.« Die Zeltöffnung wurde von einem »Vorhang« geschützt (*epispastron*, gemäß der griechischen Übersetzung der Septuaginta, dagegen trennte im Inneren des Zelts eine »Abschirmung« (*katapétasma*) aus Tuch das Heilige vom Allerheiligsten (*to hagion kai to hagion tôn hagiôn*).

15 Vgl. das Vorwort von Lévinas zum Buch von Marlène Zarader, *Heidegger et les paroles de l'origine*, Ed. Vrin, Paris, 1986, S. 12 f.

16 Vgl. *Totalität und Unendlichkeit*, a. a. O., S. 442 ff.

17 Es handelt sich um eine der beiden Vorlesungen, die Lévinas im

Winter 1975/76 an der Sorbonne (Université Paris IV) gehalten hat und die zum ersten Mal 1991 unter dem Titel »La mort et le temps« im Band *Emmanuel Lévinas* (Cahiers de l'Herne, Nr. 60, S. 21-75) veröffentlicht wurde, danach im Jahre 1993 (zusammen mit der anderen Vorlesung aus demselben Jahr: »Dieu et l'onto-théo-logie«) in dem Band *Dieu, la mort et le temps* (Ed. Grasset, Paris), dt.: *Gott, der Tod und die Zeit*, hrsg. v. P. Engelmann, Edition Passagen, Passagen-Verlag, Wien, 1996.

18 »In der Dauer der Zeit, deren Bedeutung sich möglicherweise nicht auf das Begriffspaar Sein-Nichts als letztem Bezugspunkt des Sinnhaften und alles Gedachten, alles Menschlichen beziehen muß, stellt der Tod einen Punkt dar, aus dem die Zeit all ihre Geduld bezieht, ein Warten, das sich der Intentionalität des Wartens verweigert – ›Geduld und Ausdauer der Zeit‹ sagt ein französisches Sprichwort. Geduld als Emphase der Passivität. Damit ist die Richtung dieser Vorlesung gegeben: der Tod als Geduld der Zeit.« *Gott, der Tod und die Zeit*, a.a.O., S. 17.

19 *Ebd.*, S. 117.

20 Vgl. *ebd.*, S. 18f.: »Bei den Lebewesen ist der Tod das Verschwinden der expressiven Bewegungen, die sie lebendig erscheinen ließen – diese Bewegungen, die stets *Antworten* sind. Der Tod betrifft vor allem diese Autonomie und Expressivität der Bewegungen, die sogar soweit geht, jemanden in seinem Angesicht zu verdecken. Der Tod ist *Ohne-Antwort*.«

21 Vgl. *ebd.*, S. 21: »Der Tod ist unheilbarer Abstand: Die biologischen Bewegungen verlieren jeden Bezug zur Bedeutung, zum Ausdruck. Der Tod ist Zerfall; er ist Ohne-Antwort.«

22 *Ebd.*, S. 47.

23 »In der gesamten philosophischen und religiösen Tradition wird der Tod entweder als Übergang ins Nichts gedeutet oder als Übergang zu einer Existenz, die anders ist, da sie sich in einer neuen Umgebung verlängert.« *Totalität und Unendlichkeit*, a.a.O., S. 339.

24 Siehe *ebd.*, S. 339f.: »In tieferer Weise und gewissermaßen a priori erfassen wir den Tod als Nichts in der Leidenschaft des Mordes. Die spontane Intentionalität dieser Leidenschaft zielt auf die Vernichtung. Kain, als er Abel tötete, muß dieses Wissen um den Tod besessen haben. Die Identifikation des Todes mit dem Nichts entspricht dem Tod des Anderen im Mord.«

25 *Ebd.*: »Die Identifikation des Todes mit dem Nichts entspricht dem Tod des Anderen im Mord. Aber dieses Nichts präsentiert sich hier zugleich als eine Art Unmöglichkeit. In der Tat kann sich der Andere außerhalb meines moralischen Bewußtseins nicht als Anderer zeigen, und sein Antlitz drückt meine moralische Unmöglichkeit aus, ihn zu vernichten. Dieses Verbot bedeutet natürlich nicht dasselbe wie die schlichte und einfache Unmöglichkeit, es setzt sogar die Möglichkeit voraus, die es gerade untersagt; aber in Wirklichkeit wohnt das Verbot schon der Möglichkeit selbst inne, statt sie vorauszusetzen; das Verbot kommt nicht nachträglich hinzu, sondern sieht mich gerade aus dem Grund der Augen an, die ich auslöschen will, und sieht mich an wie das Auge, das im Grab Kain ansieht.«

26 Vgl. *Gott, der Tod und die Zeit*, a. a. O., S. 117: »Die Frage unterstreichen, die der Tod in der Nähe des Nächsten aufwirft, eine Frage, die paradoxerweise meine Verantwortung für seinen Tod darstellt. Der Tod macht für das Angesicht des Anderen empfänglich, Ausdruck des Gebotes: ›Du wirst nicht töten.‹«

27 Vgl. *ebd.*, S. 24: »Der Tod ist Heilung und Ohnmacht zugleich; Ambiguität, die möglicherweise auf eine andere Sinndimension verweist als auf die, in der der Tod in der Alternative Sein – Nicht-Sein gedacht wird. Ambiguität: Rätsel.«

28 Siehe »La mauvaise conscience et l'inexorable«, in *Exercices de la patience*, a. a. O., S. 113.

29 Als »Ex-zeption« definiert Lévinas den Tod folgendermaßen: »Die Beziehung zum Tod des Anderen ist weder ein *Wissen* um den Tod des Anderen noch die Erfahrung dieses Todes in seiner ihm eigenen Weise, das Sein zu vernichten (wenn, wie man gemeinhin annimmt, das Ereignis dieses Todes auf diese Vernichtung reduziert wird). Es gibt kein Wissen von dieser ex-zeptionellen Beziehung (Ex-zeption: etwas ergreifen und aus dem Gewöhnlichen herausnehmen).« *Gott, der Tod und die Zeit*, a. a. O., S. 26.

30 *Ebd.*, S. 52 f.: »Ich bin für den Tod des Anderen in einem solchen Maße verantwortlich, daß ich mich in den Tod einbeziehe. Vielleicht wird das in einer akzeptablen Aussage deutlich: ›Ich bin für den Anderen verantwortlich, insofern er sterblich ist.‹ Der Tod des Anderen ist der erste Tod.«

31 Vgl. *ebd.*, S. 198: »Die Passivität hat nur Sinn in dem Der-Eine-für-

den-Anderen, das bis zum Äußersten (bis dahin, daß der Eine Geisel des Anderen ist) getrieben wird, wo sich der Mensch in seiner einzigartigen und unersetzbaren Identität findet: für den Anderen ohne Rückkehr zu sich.«

32 *Ebd.*, S. 22.

33 *Ebd.*, S. 26.

34 Es handelt sich um den Text »Connaissance de l'inconnu«, der zum ersten Mal in der Zeitschrift *Nouvelle revue française*, Nr. 108, 1961, S. 1081-1095, veröffentlicht wurde. Er ist wiedererschienen 1969 in *L'Entretien infini* (Gallimard, Paris, S. 70-83).

35 Siehe *L'entretien infini*, a.a.O., S. 72: »– [...] Ich würde dem hinzufügen: wenn wir mit diesem Unkenntlichen verkehren können, dann ist es aus Furcht oder aus Angst heraus oder aus einer jener ekstatischen Bewegungen, die Sie als unphilosophisch abgelehnt haben: da haben wir nämlich eine Vorahnung des Anderen; es packt uns, macht uns wankend, reißt uns hin und entzieht uns uns selbst. – Aber nur um uns zum Anderen zu machen. Vielleicht geschieht in der Erkenntnis, und sei sie dialektisch und über alles mögliche vermittelt, eine Aneignung des Objekts durch das Subjekt und des Anderen durch das Selbe, letztendlich also eine Reduktion des Unbekannten auf das schon Bekannte, im Hinweggerissenwerden durch Entsetzen jedenfalls liegt etwas weitaus Schlimmeres: das Ich verliert sich und das Selbe entstellt sich und wird schändlicherweise zu einem anderen als ich.«

36 Vgl. *Gott, der Tod und die Zeit*, a.a.O., S. 128: »Es ist meine Sterblichkeit, mein Verdammtsein zum Tode, meine Zeit, die im Sterben liegt, mein Tod, der keine Möglichkeit der Unmöglichkeit darstellt, sondern reiner Raptus, reines Hinweggerissenwerden ist, die jene Absurdität konstituieren, die die Grundlosigkeit meiner Verantwortung für den Anderen ermöglicht.«

37 *L'Entretien infini*, a.a.O., S. 73f.

38 Vgl. *Totalität und Unendlichkeit*, a.a.O., S. 120ff.: »Der Blick, mit dem mich der Andere mißt, läßt sich nicht vergleichen mit dem, durch den ich ihn entdecke. Die Dimension der *Höhe*, in der der Andere steht, ist wie die primäre Wölbung des Seins, die den Vorrang des Anderen, den Niveauunterschied der Transzendenz, begründet. Der Andere ist metaphysisch. [...] Die Beziehung mit dem Anderen verwandelt sich nicht wie die Erkenntnis in Genuß und Besitz, in Freiheit. Der Andere zwingt sich mir auf als eine

Forderung, die diese Freiheit dominiert, und von daher als etwas, das ursprünglicher ist als alles, was in mir vorgeht. [...] Die Gegenwart des Anderen – eine privilegierte Heteronomie – verletzt nicht die Freiheit, sondern setzt sie ein, ist ihr Investitur.«

39 *Ebd.*, S. 124: »Empfang des Anderen – der Terminus drückt eine Gleichzeitigkeit von Aktivität und Passivität aus; durch diese Gleichzeitigkeit steht die Beziehung mit dem Anderen außerhalb der Dichotomien *a priori* und *a posteriori*, Aktivität und Passivität, die für die Dinge gelten. Aber wir wollen auch zeigen, wie, ausgehend vom Wissen qua Thematisierung, die Wahrheit dieses Wissens zur Beziehung mit dem Anderen, d. h. zur Gerechtigkeit führt.«

40 *Ebd.*, S. 444: »Indem man das Sein als Begehren und als Güte faßt, isoliert man nicht zunächst ein Ich, das anschließend in ein Jenseits strebt. Darin liegt vielmehr die Behauptung: Sich von Innen erfassen – sich als Ich ereignen – ist nichts anderes als sich durch eben die Geste erfassen, die sich schon nach außen wendet, um auswendig zu werden und zu erscheinen, um verantwortlich zu sein für das, was sie ergreift, um auszudrücken. Darin liegt die Behauptung, daß die Bewußtwerdung schon Sprache ist; daß das Wesen der Sprache Güte ist oder auch, daß das Wesen der Sprache Freundschaft und Gastlichkeit ist.«

41 Anspielung auf die Arbeit *Théorie de l'intuition dans la phénoménologie de Husserl*, Dissertation, die 1930 verteidigt und veröffentlicht wurde.

42 *Théorie de l'intuition dans la phénoménologie de Husserl*, Ed. Vrin, Paris, 1930, S. 7.

43 *Ebd.*, S. 15.

44 *Ebd.*, S. 14.

45 *Ebd.*, S. 15.

46 Vgl. z. B. *Gott, der Tod und die Zeit*, a. a. O., S. 127: »Wurzelt das Trauma des Anderen also nicht in dem *Anderen*?«

47 Man könnte zunächst einmal versucht sein zu behaupten, daß ein Großteil des Textes von Derrida »En ce moment même dans cet ouvrage me voici« (in *Textes pour Emmanuel Lévinas*, a. a. O., S. 21-60) in gewisser Hinsicht als ein ausführlicher Kommentar dieses Ausdrucks anzusehen ist, gleichzeitig in bezug stehend mit dem Gebrauch, den Lévinas von diesem Ausdruck machte, und seiner Deutung von ihm und mit der Derrida eigenen kriti-

schen Perspektive. Lévinas seinerseits verweist in einer Anmerkung seines Buches *Autrement qu'être ou au-delà de l'essence* (Martinus Nijhoff, Den Haag, 1978, S. 186) explizit auf *Jesaia* 6,8: »Und ich hörte die Stimme des Herrn, daß er sprach: Wen soll ich senden? / Wer will unser Bote sein? Ich aber sprach: Hier bin ich; sende mich!« (Luther-Bibel, 1952) Wir halten fest, daß in der Septuaginta das griechische Äquivalent für den hebräischen Satz *hineni*: *»idou egô«* (Wort für Wort übersetzt »hier ich«) ist, wobei sich das Personalpronomen im Nominativ befindet. Der Sinn des Pronomens *ich* im Akkusativ hinsichtlich der Verantwortung für den Anderen wird von Lévinas in *Autrement qu'être ou au-delà de l'essence* erläutert (*Jenseits des Seins oder anders als Sein geschieht*, Verlag Karl Alber; Freiburg/München, 1992, S. 310f.): »In der Verantwortung wird das Subjekt im Innersten seiner Identität sich fremd – in einer Entfremdung, die nicht aus dem Selben seine Identität auslaufen läßt, sondern die ihn durch eine unabweisbare Vorladung zu seiner Identität zwingt – es wird zu seiner Identität gezwungen als Person, worin niemand es ersetzen kann. Einzigkeit, außerbegrifflich, Psychismus als Keim des Wahnsinns, Psychismus schon als Psychose, nicht ein Ich, sondern ich, der Vorgeladene. Vorladung zur Identität wegen der Antwort der Verantwortung, in der man sich nicht ersetzen lassen kann, ohne schuldig zu werden. Auf dieses unnachgiebig zwingende Gebot ist die einzige Antwort: ›hier sieh mich‹, bei der das Pronomen ›ich‹ im Akkusativ steht, gebeugt schon vor jeder Beugung, besessen durch den Anderen, krank, identisch. Hier, sieh mich – Sagen der Inspiration, die nicht die Gabe schöner Worte oder Gesänge ist. Zwang zum *Geben*, mit vollen Händen, und folglich zur Leiblichkeit.«

48 *Gott, der Tod und die Zeit*, a.a.O., S. 18.

49 Vgl. *ebd.*, S. 128: »Diese Frage – Frage des Todes – stellt ihre eigene Antwort dar: Sie ist meine Verantwortung für den Tod des Anderen. Der Übergang auf die ethische Ebene konstituiert die Antwort auf diese Frage. Die Wendung des Selben zum Unendlichen ist weder ein Anvisieren noch eine Vision, sie ist die *Frage*, Frage, die auch Antwort darstellt, aber keinesfalls Dialog der Seele mit sich selbst. Geht die Frage, die Bitte nicht dem Dialog voraus?«

50 Siehe »La mauvaise conscience et l'inexorable«, in: *Exercices de la*

patience, a. a. O., S. 112f.: »Unendlichkeit kann für ein Denken, das dem Ende zugeht, nicht bedeuten, und das a-Dieu ist keine Finalität. Diese Irreduzibilität des a-Dieu oder der Furcht Gottes auf das Eschatologische, mit der beim Menschen das Bewußtsein aussetzt, das dem Sein in seiner ontologischen Dauer zukam oder dem Tod, den es für das allerletzte Denken hält, wird vielleicht, jenseits des Seins, vom Wort Ruhm bedeutet. Die Alternative zwischen Sein und Nichts ist nicht die allerletzte.«

51 *Ebd.*, S. 113.

Das Wort zum Empfang

Willkommen, jawohl, willkommen!

An der Schwelle dieser Begegnung bei Emmanuel Lévinas, mit Emmanuel Lévinas, auf der Spur seines Denkens und unter dem doppelten Zeichen »Antlitz und Sinai« erlaube ich mir, ja, ich erlaube mir, Worte des Willkommens auszusprechen.

Natürlich gehe ich dieses Wagnis nicht allein in meinem Namen ein, nichts würde mich dazu ermächtigen.

Ein solches Grußwort ließe sich gleichwohl übersetzen.

Es würde dann den Versuch unternehmen, von diesen zu jenen überzugehen, vom einen, von der einen zum Anderen, und so ließe es sich aufnehmen, aber auch vernehmen und auslegen, hören und befragen. Es würde sich einen Weg durch das Ungestüm des Gastgebers bahnen, der immer nach einem Ritus späht. Denn das Risiko ist groß. Wenn man das Wagnis eingeht, ein Begrüßungswort zu sprechen, läßt man vielleicht den Eindruck entstehen, man wäre hier bei sich zu Hause, man wüßte, was das heißt, bei sich zu Hause sein, und daß man zu Hause empfängt, dorthin einlädt, dort seine Gastfreundschaft anbietet, sich also einen Ort aneignet, um den Anderen dort zu *empfangen* oder, schlimmer noch, daß man den Anderen dort *empfängt*, um sich einen Ort anzueignen und die Sprache der Gastlichkeit zu sprechen – und natürlich strebe ich danach so wenig wie sonst jemand, aber allein schon die Besorgnis um eine solche Usurpation gibt mir zu denken.

Denn ich möchte Ihnen zur Eröffnung dieses Kolloquiums ein paar bescheidene und einführende Gedanken über das Wort »Empfang« vortragen, so jedenfalls, scheint mir, wie Lévinas es unterschrieben hat, nachdem er es wiedererfunden hatte, um uns zu bedenken zu geben, was das heißt, »Gastlichkeit«.

Die unverdiente Ehre des ersten Wortes zum Empfang glaubte ich aus mehreren Gründen annehmen zu müssen. Der erste hat mit dem *Collège International de Philosophie*, mit seiner Geschichte, seinem Andenken zu tun – und mit dem, was mich an ihm hält. Emmanuel Lévinas hat in diesem Collège, das die glückliche Initiative zu diesem Kolloquium entwickelt hat, nicht nur auf denkwürdige Weise das Wort ergriffen. Er hat von Anfang an, und ich stehe dafür als Zeuge, die Institution gutgeheißen. Ich erinnere mich, ihn 1982 in der Rue Michel-Ange besucht zu haben, zu jenem Zeitpunkt, als wir die Gründung des Collège vorbereiteten. Ich wollte ihn damals um Ratschläge, um seine Zustimmung und selbst um das Versprechen seiner Beteiligung bitten.

Und Emmanuel Lévinas gewährte mir das alles. Er war vom ersten Tag an einer der Unsrigen. Sein Denken bleibt für zahlreiche Philosophen, Schriftsteller oder Freunde des Collège Inspiration oder Horizont. Zahlreiche Arbeiten waren ihm in unserer Institution gewidmet in Form von Vorträgen oder Seminaren. Man müßte in diesem Zusammenhang von einem ständigem *Studium* sprechen in allen verehrungswerten Sinngebungen des Wortes, im lateinischen Sinne, im hebräischen Sinne, der so übersetzt werden kann, und auch noch in einem ganz neuen Sinn. So war es nur recht und billig, daß mit dem ersten Jahrgedächtnis des Todes von Emmanuel Lévinas das Collège zum Zeichen der Treue mit diesem Moment lernbegieriger Sammlung sein lebendiges Denken markieren würde – und ich erlaube mir deshalb auch, in unserem Namen dem zur Zeit Verantwortlichen des Collège, seinem Präsidenten, François Julien, und ganz besonders Danielle Cohen-Lévinas, der Programmleiterin, dafür zu danken, daß sie mit ihrer Initiative der allgemeinen Erwartung entsprochen haben.

Unser Dank gilt auch der Rektorenkanzlerin der Universitäten von Paris für den Empfang, ja, für den Empfang, den sie uns freundlicherweise an diesem ehrwürdigen Ort der Lehre bereitet hat. Hier selbst, im Amphitheater Richelieu, hat ein Denker gelehrt, der nicht nur ein großer Professor der Sorbonne war, sondern ein Meister.

Dieser Meister hat seine Lehre eines Denkens nie losgelöst von einer ungewöhnlichen und schwierigen Auffassung der Lehre – einer meisterhaften Lehre eben in Gestalt eines *Empfangs*, eines Empfangs, bei dem die Ethik die philosophische Tradition des Gebärens unterbricht und die List des Meisters vereitelt, wenn dieser vorgibt, hinter der Figur der Hebamme zurückzutreten. Das *Studium*, von dem wir sprechen, beschränkt sich nicht auf eine Maieutik. Sie nämlich würde mir nur das offenbaren, dessen ich ohnehin fähig bin, sagt Lévinas. Um die Themen zu verschränken, denen ich hier den Vorzug geben möchte, um auch die semantischen und etymologischen Quellen eines Wortes sich kreuzen zu lassen, dessen sich Lévinas so ausgiebig bedient hat, dem »Selben«, bei dem ihm allerdings nicht in erster Linie die Philologie interessierte, könnten wir vielleicht sagen, daß die Maieutik, folgt man *Totalität und Unendlichkeit*, mich nichts lehrt. Sie offenbart mir nichts. Sie enthüllt lediglich, wozu ich ohnehin *selbst in der Lage* bin [ce que je suis *à même*], *selbst (ipse)* zu wissen, aus mir *selbst* heraus zu wissen an diesem Ort, wo das *Selbe (egomet ipse, Medismus, Meismus,* von *metipse, metipsimus) in sich selber* Macht und Wissen vereinigt, als das *Selbe*, dasselbe *Selbst-in-der-Lage-Sein* [le même *être-à-même de*] im Eigentum eines Eigenen, in dessen Wesenhaftigkeit selbst. Und vielleicht, wir werden darauf zurückkommen, kündigt sich so eine gewisse aneignende Auslegung an, wenn nicht eine Politik der Gastlichkeit, eine Politik der *Macht* in Hinblick auf den Gast(geber) [l'hôte], sei er der Empfangende (*host*) oder der Empfangene (*guest*). Macht *des* Gastgebers *über* den Gast. Der *hosti-pet-s* ist der »Meister des Gastes«[1], sagt Benveniste in Hinblick auf eine Kette, in der Gastlichkeit und Selbstheit wie zwei souveräne Mächte miteinander verbunden wären.

Der Empfang einer Unterweisung schenkt und erhält aber Lévinas zufolge noch etwas anderes, mehr als Ich und mehr als anderes:

> Den Anderen ansprechen, (so kann man es gleich auf den ersten Seiten von *Totalität und Unendlichkeit* nachlesen[2],) heißt, seinen Ausdruck *empfangen* [Ich erlaube mir, gleich dieses Wort hervorzuheben]; in seinem Ausdruck überschreitet der Andere in jedem Augenblick die Idee, die sich ein Denken von diesem Ausdruck machen könnte. Ebendas heißt, vom Anderen über die Aufnahmefähigkeit des Ich hinaus *empfangen* [hervorgehoben von Lévinas]; genau dies bedeutet: die Idee des Unendlichen haben. Aber das bedeutet auch, unterwiesen zu werden. Die Beziehung mit dem Anderen oder die Rede ist eine nicht-allergische Beziehung, eine ethische Beziehung, aber diese *empfangene* Rede [hervorgehoben von mir] ist eine Unterweisung. Die Unterweisung freilich läuft nicht auf die Maieutik hinaus. Sie kommt von außen und bringt mir mehr, als ich enthalte.

Ich habe auch geglaubt, die übermäßige Ehre dieser ersten Worte annehmen zu müssen, und das ist nicht so leicht einzugestehen, weil ich mich nicht in der Lage sah, für heute einen Vortrag auszuarbeiten, der dieses Namens würdig, der dieses Kolloquiums würdig und der Lévinas' würdig gewesen wäre. Als mir nun Danielle Cohen-Lévinas den Vorschlag machte, als erster das Wort zu ergreifen, habe ich zugestimmt, um mich auf diese Weise der Ehrenbezeigung anzuschließen, was zu tun mir am Herzen lag, doch nur um mich baldmöglichst auf der Schwelle der Gastlichkeit unsichtbar zu machen. Ich wollte mich danach dem Schweigen oder dem Alibi hingeben – vor allem aber dem Hören. Was ich auch nicht versäumen werde, doch indem ich auf ungebührliche Weise – ich bitte Sie im voraus um Verzeihung – meine auslegenden Ausführungen zum Willkommen und zur Gastfreundschaft ausdehne. Ich werde das im Rahmen der *Eröffnung* tun, denn das ist ja der unbestimmte Rahmen, der für diese Einführung abgesprochen wurde.

Umkehrung: Lévinas schlägt vor, Offenheit im allgemeinen von der Gastlichkeit oder vom Empfang her zu denken – und nicht das Gegenteil. Er tut dies ausdrücklich. Diese zwei Worte »Offenheit« und »Empfang« sind in seinem Werk sowohl miteinander verbunden als auch voneinander getrennt. Sie gehorchen einem subtilen Gesetz, und wie jedes Gesetz verlangt es eine vorsichtige Entzifferung.

Wie ist diese Gastlichkeit *im Namen* von Lévinas zu deuten? Wie könnte man sich daran versuchen, nicht an seiner Stelle und in seinem Namen, sondern mit ihm, auch indem man mit ihm redet, indem man ihm heute zuhört, indem wir uns an jene Orte begeben, an denen er, um sie an ihre Namen zu erinnern, den Sinai und das Antlitz noch einmal »Sinai« und »Antlitz« genannt hat? Diese Namen wurden miteinander verbunden, um sie dieser Begegnung darzubringen; doch wissen wir denn, wie man sie zu vernehmen hat? In welcher Sprache? Sind es Gattungs- oder Eigennamen? Sind sie aus einer anderen Sprache übersetzt? Aus der Vergangenheit einer heiligen Schrift oder aus einem zukünftigen Idiom?

Im Lichte dieser ersten Überlegungen werde ich von einer Frage geleitet, die ich noch im Raum stehenlassen möchte; ich begnüge mich damit, einige ihrer Prämissen und Referenzen zu orten. Sie beträfe, aufs erste besehen, die Beziehungen zwischen einer *Ethik* der Gastlichkeit (einer Ethik *als* Gastlichkeit) und einem *Recht* oder einer *Politik* der Gastlichkeit, zum Beispiel in der Tradition dessen, was Kant als die Bedingungen universeller Gastlichkeit im *kosmopolitischen Recht* bezeichnet: »in Hinblick auf den ewigen Frieden«.

Diese Frage könnte ihre klassische Form in Gestalt einer Grundlage oder einer legitimierenden Begründung finden. So würde man sich zum Beispiel fragen, ob die Ethik der Gastlichkeit, die wir im Denken von Lévinas zu analysieren versuchen, ein Recht und eine Politik, jenseits des familiären Hauswesens, in einem gesellschaftlichen, nationalen, staatlichen oder nationalstaatlichen Raum begründen kann oder nicht.

Diese Frage erscheint zweifelsohne schwerwiegend, schwierig, notwendig – und schon kanonisch. Wir werden dennoch versuchen, sie der Instanz einer anderen im Raum schwebenden Frage zu unterstellen: sie verweist auf das, was wir als eine Art *épokhè* bezeichnen könnten. Welche?

Nehmen wir einmal an, *concesso non dato*, es gäbe entsprechend einer Gründungsordnung, entsprechend einer Hierarchie Gründer/Gegründetes, grundsätzlicher Ursprünglichkeit/Ableitung, keinen Übergang zwischen einer Ethik oder einer ersten Philosophie der Gastlichkeit einerseits und einem Recht oder einer Politik der Gastlichkeit andererseits. Nehmen wir an, man könnte aus dem ethischen Diskurs von Lévinas über Gastlichkeit kein Recht und keine Politik ableiten, keinerlei Recht und keinerlei Politik in irgendeiner gegebenen Situation heute, nahe bei uns oder fern von uns (allein sich vorzustellen, wir könnten die Distanz ermessen, welche die Kirche St. Bernard* von Israel, Ex-Jugoslawien, Zaire oder Ruanda trennt). Wie wäre dann eine solche Unmöglichkeit

* Anm. d. Übersetzers: Pariser Pfarrkirche im 13. Arrondissement, in die sich im Herbst 1996, noch unter der Regierung Juppé, von Ausweisung bedrohte Einwanderer ohne Aufenthaltsgenehmigung, besonders aus Schwarzafrika, geflüchtet hatten; der Fall erregte insofern großes Aufsehen, als die Kirche schließlich von Polizeieinheiten gestürmt wurde, welche die Flüchtlinge im Gewaltstreich aus der Kirche vertrieben.

zu begründen, abzuleiten, zu folgern, auszulegen? Verweist sie auf eine Schwachstelle? Man müßte vielleicht vom Gegenteil ausgehen. In Wirklichkeit wären wir vielleicht zu einer anderen Prüfung aufgerufen aufgrund der offenkundigen Negativität dieser Lücke, aufgrund dieses Hiatus zwischen der Ethik (der ersten Philosophie bzw. der Metaphysik, natürlich in dem Sinne, den Lévinas diesen Wörtern verleiht) einerseits und andererseits dem Recht bzw. der Politik. Wenn dort überhaupt kein Mangel vorliegt, verlangt ein solcher Hiatus dann nicht von uns, Recht und Politik anders zu denken? Und öffnet er nicht vor allem, eben wie ein Hiatus, den Mund, eröffnet er nicht die Möglichkeit eines anderen Sprechens, einer Entscheidung und einer Verantwortung (einer juristischen und politischen, wenn man so will), da, wo diese *getroffen, übernommen* werden müssen, wie man das von Entscheidungen und Verantwortlichkeiten sagt, ohne die Sicherheit einer ontologischen Begründung? Im Lichte dieser Hypothese wäre die Abwesenheit von Recht und Politik im engeren und festgelegten Sinne dieser Termini lediglich eine Illusion. Jenseits dieses Anscheins oder dieser Bequemlichkeit wäre eine Rückkehr zu den Bedingungen von Verantwortung und einer Entscheidung zwischen Ethik, Recht und Politik zwingend. Das könnte in Angriff genommen werden, und ich werde versuchen, es auszuführen, um dann abschließend zwei Wege aufzuzeigen, die zweifelsohne benachbart, aber heterogen sind.

I

Ist das schon jemandem aufgefallen? Obwohl das Wort dort weder häufig vorkommt noch besonders hervorgehoben wird, hinterläßt uns *Totalität und Unendlichkeit* eine unermeßliche Abhandlung über *die Gastlichkeit*.

Das wird weniger belegt durch die in der Tat eher seltenen Stellen mit dem Namen »Gastlichkeit«, als durch die diskursive Logik und durch Zusammenhänge, die dieses Vokabular in ihrem Gefolge haben. So wird auf den Schlußseiten die Gastlichkeit zum eigentlichen Namen für das, was sich dem Antlitz öffnet, was, genauer gesagt, »empfängt«. Das Antlitz gibt sich grundsätzlich dem Empfang hin, der Empfang dagegen empfängt lediglich ein Antlitz, jenes Antlitz, das heute unser Thema sein soll, von dem wir aber dank der Lévinas-Lektüren wissen, daß es sich jeder Thematisierung entzieht.

Diese Irreduktibilität auf ein Thema, das, was also über eine thematisierende Formalisierung oder Beschreibung hinausgeht, genau das ist es, was das Antlitz mit der Gastlichkeit gemein hat. Lévinas begnügt sich nicht damit, die Thematisierung von ihr zu unterscheiden, er stellt die Gastlichkeit explizit der Thematisierung entgegen, wie wir gleich hören werden.

Wenn er die intentionale Subjektivität von Grund auf neu definiert, wenn er deren Bindung an die Idee vom Unendlichen ins Endliche verlegt, vermehrt er auf seine Weise Sätze, in denen ein Nomen ein Nomen definiert. Das Substantiv-Subjekt und das Substantiv-Prädikat können so in einem Satz ihre Plätze tauschen, was sowohl die Grammatik der De-termination als auch die logische Schrift der Tradition bis hin zu ihren dialektischen Ablegern aus der Ordnung bringt. Zum Beispiel:

Die Intentionalität ist Aufmerksamkeit auf das Wort oder Empfang des Antlitzes, *Gastlichkeit* und nicht Thematisierung.[3]

Ich war versucht, das Wort *Gastlichkeit* in diesem Satz hervorzuheben, doch jetzt muß ich noch einmal auf diese pädagogische bzw. rhetorische Sorge eingehen, um sie wieder nichtig zu machen. Denn alle Begriffe, die sich ihrer »Thematisierung« widersetzen, sind sowohl synonym als auch gleichrangig. Keiner von ihnen darf bevorzugt, also hervorgehoben werden. Noch vor jeder weiteren Deutung dieses Satzes zeigt sich schon, was in ihm stillschweigend eine Apposition rechtfertigt. Diese scheint einen Elan fortzusetzen, sie begnügt sich damit zu entfalten, sie expliziert. Sie scheint von einem Synonym zum anderen zu schreiten, ja, zu springen. Zwar taucht das Nomen als solches jeweils nur einmal auf, man könnte aber ein subsituierendes »oder« *(vel)* zwischen jedes Nomen setzen – außer natürlich bei »Thematisierung«: »Die Intentionalität ... ist *Aufmerksamkeit* auf das *Wort* oder *Empfang* des *Antlitzes*, *Gastlichkeit* und nicht Thematisierung.«

Das Wort »Gastlichkeit« soll hier die zwei Worte, die ihm voraufgehen, »Aufmerksamkeit« und »Empfang«, übersetzen, weitertragen, re-produzieren. Eine innere Paraphrase, auch eine Art von Periphrase, eine Reihe von Metonymien sagen Gastlichkeit, Antlitz, Empfang aus: Streben zum Anderen hin, aufmerksame Intention, intenionale Aufmerksamkeit, *Ja* zum Anderen. Intentionalität, Aufmerksamkeit auf das Wort, Empfang des Antlitzes, Gastlichkeit, das ist dasselbe, aber dasselbe als Empfang des Anderen da, wo es sich dem Thema entzieht. Nun vergeht diese Bewegung ohne Bewegung aber im Empfang des Anderen, und da sie sich der Unendlichkeit des Anderen öffnet, der Unendlichkeit als Anderes, das ihr vorausgeht in gewisser Hinsicht, gerät der Empfang *des* Anderen (genitivus subjectivus) schon zur Antwort: das *Ja zum* Anderen antwortet schon auf den Empfang *des* Anderen (genitivus objectivus), auf das *Ja* des Anderen. Diese Antwort stellt sich ein, *sobald* das Unendliche – stets *des* Anderen – empfangen wird. Wir werden dessen Spur bei Lévinas verfolgen. Dieses »sobald« gibt allerdings nicht den Augenblick oder die Schwelle eines Anfangs, einer *arkhè* an, denn das Unendliche ist vor-ursprünglich empfangen worden. Empfangen in Anarchie. Eine solche verantwortliche Antwort ist zwar ein *Ja*, aber ein *Ja zu*, dem das *Ja des* Anderen vorausgeht. Man dürfte ohne weiteres die Konsequenzen aus einer Behauptung von Lévinas in einem Abschnitt, in dem er die Idee des Unendlichen im cartesianischen *cogito* wiederholt und deutet, ins Grenzenlose ausdehnen: »Nicht ich – der Andere kann *Ja* sagen.«[4]

(Wenn man diese Konsequenzen mit gebührendem Wagemut und gebührender Strenge weiterverfolgen würde, müßten sie zu einem anderen Denken über die verantwortliche Entscheidung führen. Lévinas würde es sicher so nicht gesagt haben, aber könnte man nicht davon ausgehen, daß Entscheidung und Verantwortung, ohne daß ich mich in irgendeiner Weise dadurch entlasten wollte, immer Entscheidung und Verantwortung *des Anderen* sind? Daß sie immer auf den Anderen zurückgehen, vom Anderen herkommen, sei es vom Anderen in mir?[5] Denn wäre es alles in allem noch eine Entscheidung, diese Initiative, die ganz einfach »meine« bliebe entsprechend einer Notwendigkeit, die doch in der mächtigsten Tradition der Ethik und der Philosophie erfordern würde, daß eine Entscheidung immer »meine« Entscheidung sein würde, die Entscheidung dessen, der frei »ich selbst«, *ipse, egomet ipse* sagen kann? Wäre es noch eine Entscheidung, was mir auf diese Weise zukommt? Hat man das Recht, diesen Namen »Entscheidung« einem ganz autonomen Antrieb zu geben, sei es dem des Empfangs und der Gastlichkeit, einem Antrieb, der nur von mir, aus mir selbst heraus vollzogen würde und nur die Potenzen einer Subjektivität von mir entfalten würde? Dürften wir darin nicht die Abwicklung einer egologischen Immanenz sehen, die autonomische und automatische Entfaltung von Prädikaten oder Potenzen, die einem Subjekt eignen, allerdings ohne jenen zerreißenden Bruch, der bei jeder sogenannten freien Entscheidung hinzukommt?

Wenn nur der Andere *ja* sagen kann, das »erste« *Ja*, dann ist der Empfang immer der Empfang *des* Anderen. Man muß jetzt die Grammatiken und Genealogien dieses Genitivs denken. Wenn ich bei das »erste« *Ja* das Wort »erste« mit Anführungszeichen versehen habe, so wohl deshalb, um mich einer kaum denkbaren Hypothese zu fügen: es gibt kein *erstes Ja*, das *Ja* ist schon eine Antwort. Doch da alles mit irgendeinem *Ja* beginnen muß, beginnt die Antwort, befiehlt die Antwort. Man muß sich, ob man will oder nicht, in dieser Aporie einrichten, in die wir Endlichen und Sterblichen nun einmal *geworfen* sind und ohne die es keine Verheißung eines Weges gäbe. Man muß *mit dem Antworten beginnen.* So wäre also am Anfang kein erstes Wort. Der Ruf ruft sich erst von der Antwort aus. Diese geht ihm voraus, sie kommt ihm entgegen, ihm, der vor ihr nur insoweit erster ist, als er die Antwort erwartet, die ihn herbeiführt. Ungeachtet der tragischen Proteste, die angesichts dieses harten Gesetzes als berechtigt erscheinen könnten [»Aber wie denn«, würde man sagen, »wie denn, ein Ruf ohne Antwort, ein Aufschrei aus einsamer Not? Und was ist mit der Einsamkeit des Gebetes und der unendlichen Trennung, die es bezeugt, liegt nicht im Gegenteil darin die wahre Bedingung eines Rufs, eines unendlich endlichen Rufs?«], bleibt die Notwendigkeit bestehen, so unerschütterlich wie der Tod, das heißt der Endlichkeit: aus dem grundlosen Grunde seiner Einsamkeit kann sich ein Ruf nur selber hören und rufen hören von der Verheißung einer Antwort aus. Wir sprechen vom Ruf als solchem, sofern es ihn gibt. Denn wenn man sich auf einen Ruf berufen will, der sich selber nicht als Ruf erkennt, dann kann man, wenigstens um ihn zu denken, auf jede Antwort verzichten. Diese Möglichkeit besteht immer, und sie wird gewiß auch eintreten.

Lévinas sagt das nicht, er sagt es nicht so, aber ich möchte ihm heute auf dem Weg dieses Nicht-Wegs entgegengehen.)

Das Wort »Gastlichkeit« kommt zwar selten vor, dagegen ist das Wort »Empfang« unbestreitbar eines der häufigsten und bestimmendsten in *Totalität und Unendlichkeit.* Man könnte das mit eigenen Augen nachprüfen, obwohl man es noch gar nicht als solches ausgemacht hat, soweit ich weiß. Eher wirkend als thematisch wirkt dieser Begriff nämlich allerorts, um die erste Geste in Richtung auf den Anderen auszudrücken.

Doch ist der Empfang überhaupt eine Geste? Eher wohl erster Antrieb, und ein anscheinend passiver Antrieb, aber *richtiger* Antrieb. Der Empfang leitet sich nicht ab, sowenig wie das Antlitz, und ohne Empfang gibt es kein Antlitz. Es ist, als ob der Empfang genauso wie das Antlitz, genauso wie das Vokabular, das ko-extensiv mit ihnen, also zutiefst synonym ist, eine erste Sprache wäre, eine aus quasi primitiven – und quasi transzendentalen – Worten geformte Gesamtheit. Erst einmal muß man die Möglichkeit des Empfangs denken, noch bevor man das Antlitz denkt und alles, was mit ihm eröffnet oder verschoben wird, die Ethik, die Metaphysik oder die erste Philosophie – in dem Sinn, den Lévinas diesen Worten verliehen hat.

Der Empfang bestimmt die Aufnahme, die Rezeptivität des Aufnehmens als ethische Beziehung. Wir hatten es schon gehört:

> Den Anderen ansprechen, heißt, seinen Ausdruck empfangen; in seinem Ausdruck überschreitet der Andere in jedem Augenblick die Idee, die sich ein Denken von diesem Ausdruck machen könnte. Ebendas heißt, vom Anderen über die Aufnahmefähigkeit des Ich hinaus *[aufnehmen].*

Dieses *Aufnehmen*, ein Wort, das hier hervorgehoben ist und als Synonym für *empfangen* hingestellt wird, nimmt auf nur in dem Maße, einem maßlosen Maße, wie es jenseits der Aufnahmefähigkeit des Ich aufnimmt. Dieses asymmetrische Mißverhältnis kennzeichnet, wir werden darauf zurückkommen, das Gesetz der Gastlichkeit. Im selben Abschnitt aber wird – was für eine ungewöhnliche Behauptung – die Vernunft ihrerseits als diese gastliche Rezeptivität *gedeutet*. Die ungeheuere Ader der philosophischen Tradition, die über den Begriff der Rezeptivität oder der Passivität verläuft, also auch, so dachte man, der Sinnlichkeit im Gegensatz zur Rationalität, wird nun in ihrer tiefsten Bedeutung umgeleitet.

Es geht um das Verständnis von Rezeption.

Was Aufnehmen heißt, läßt sich nur vom gastlichen Empfang aus, vom offenen bzw. dem Anderen bereiteten Empfang aus begreifen oder erfassen. Die Vernunft selber ist ein *Aufnehmen*. Das ist eine andere Weise auszudrücken, sofern man noch unter dem Gesetz der Tradition, aber gegen sie, gegen die überlieferten Gegensätze sprechen will, daß die Vernunft Sinnlichkeit *ist*. Die Vernunft selber ist Empfang, insofern sie Empfang der Idee des Unendlichen ist – und der Empfang ist rational.

Ist es da unbedeutend, daß Lévinas an dieser Stelle auf die *Tür* zu sprechen kommt? Ist die Stelle, auf die er also verweist, bloß eine Trope in der Rhetorik der Gastlichkeit? Wenn die Figur der Tür, an der Schwelle, wo sich das Zuhause öffnet, eine »Redensart« wäre, würde sie auch die Worte als eine *Art* des Redens zum Ausdruck bringen, Art des *Machens* mit ausgestreckter Hand, wenn man sich an den Anderen wendet, um ihm erst einmal zu essen, zu trinken und zu atmen zu geben, worauf Lévinas anderweitig so häufig aufmerksam macht. Die offene Tür, eine Art zu reden, erfordert die Offenheit einer Exteriorität oder einer Transzendenz der Idee des Unendlichen. Diese erreicht uns durch eine Tür, und diese durchschrittene Tür ist nichts anderes als die Vernunft in der Unterweisung.

Im selben Abschnitt »Die Transzendenz als Idee des Unendlichen« gewinnt die Eigentümlichkeit dieses *Aufnehmens* und *Empfangens* noch an Schärfe durch die skrupulösen und behutsamen »aber« [»mais«], »zwar«, »ohne ... indes« usw. Diese Tür ist alles andere als bloße Passivität, das Gegenteil einer Abdankung der Vernunft:

> Den Anderen ansprechen, heißt, seinen Ausdruck *empfangen* [hervorgehoben von mir]; in seinem Ausdruck überschreitet der Andere in jedem Augenblick die Idee, die sich ein Denken von diesem Ausdruck machen könnte. Ebendas heißt, vom Anderen über die Aufnahmefähigkeit des Ich hinaus *aufzunehmen* [hervorgehoben von Lévinas]; genau dies bedeutet: die Idee des Unendlichen haben. *Aber* das bedeutet auch, unterwiesen zu werden. Die Beziehung mit dem Anderen oder die Rede ist eine nicht-allergische Beziehung, eine ethische Beziehung, *aber* diese *empfangene* Rede [hervorgehoben von mir] ist eine Unterweisung. Die Unterweisung *aber* [drittes »mais«, hervorgehoben von mir, *mais* im *mais, magis*, aber mehr noch, besser] läuft nicht auf die Maieutik hinaus. Sie kommt von außen und bringt mir mehr, als ich enthalte. [Sie kommt nicht zurück – sie kommt, also, sie läuft nicht hinaus auf –, sie kommt von woanders, vom Außen, vom Anderen.] In der gewaltfreien Transitivität der Unterweisung ereignet sich die eigentliche Epiphanie des Antlitzes. Die aristotelische Analyse des Intellekts, die den absolut äußeren, *durch die Tür hereinkommenden* [hervorgehoben von mir] tätigen Intellekt entdeckt, der *zwar* die souveräne Tätigkeit der Vernunft konstituiert, *ohne* sie indes in irgendeiner Weise zu kompromittieren, setzt schon an die Stelle der Maieutik das transitive Tun des Meisters; denn die Vernunft ist fähig *aufzunehmen* [hervorgehoben von Lévinas], ohne darum abzudanken.

Eine Vernunft, die *fähig* ist *aufzunehmen*: was kann sie, diese Gastlichkeit der Vernunft, geben, die Vernunft als *Aufnehmen-Können* (*»fähig aufzunehmen«*), diese Vernunft unter dem Gesetz der Gastlichkeit? Diese Vernunft als Gesetz der Gastlichkeit? Lévinas hebt zum zweiten Mal im selben Abschnitt das Wort »aufnehmen« hervor. In eine solche Aderung geraten, wie man weiß, die wagemutigen Analysen der Rezeptivität, jener Passivität vor der Passivität, deren Einsätze immer ausschlaggebender werden da, wo sich die Vokabeln scheinbar mitreißen lassen und sich in einem Diskurs desidentifizieren, der jede Bedeutung auf ihr Anderes hin öffnet (Beziehung *ohne* Beziehung, Passivität *ohne* Passivität, eine »Passivität, die passiver ist als jede Passivität«[6] usw.).

Das Wort *»empfangen«* kommt auf derselben Seite wieder vor. Es bezeichnet mit dem *»Gedanken des Antlitzes«* die Offenheit des Ich und die *»philosophische Vorgängigkeit des Seienden vor dem Sein«*[7] – so daß also dieses Denken des Empfangs einen zwar diskreten, aber klaren und bestimmten Einwand gegenüber Heidegger eröffnet, wenn nicht gar gegenüber dem Zentralmotiv der Sammlung oder der *Versammlung*, eines Sammelns (*colligere*), das sich in der Sammlung vollziehen würde. Zwar gibt es ein Denken über die Sammlung bei Lévinas, besonders im »Das Wohnen« überschriebenen Kapitel von *Totalität und Unendlichkeit.* Aber eine solche Sammlung des *Zuhause* setzt schon den Empfang voraus; sie ist die *Möglichkeit des Empfangs* und nicht umgekehrt. Sie macht den Empfang in gewissem Sinne erst möglich, und darin liegt ihre einzige Bestimmung. Man könnte also sagen, daß der zu erwartende Empfang die Sammlung des Zuhause möglich macht, wenn auch die Verhältnisse der Konditionalität hier unentwirrbar zu sein scheinen. Sie stellen eine Herausforderung an die Chronologie wie an die Logik dar. Zwar setzt der Empfang auch die Sammlung voraus, das heißt die Intimität des *Zuhause* und die Gestalt der Frau, die weibliche Andersheit. Aber der Empfang sei keine zweite Veränderung des Sammelns, jenes *col-ligere*s, das eben nicht ohne Verbindung zum Ursprung der Religion ist, zu jener *»Beziehung ohne Beziehung«*, für die Lévinas, wie er sagt, das Wort Religion als *»äußerste Struktur« fest-hält*:

Für die Beziehung zwischen dem Seienden im Diesseits und dem transzendenten Seienden, die zu keiner begrifflichen Gemeinsamkeit und zu keiner Ganzheit führt – Beziehung ohne Beziehung –, halten wir den Ausdruck Religion fest.[8]

Die *Möglichkeit* des Empfangs käme demnach, um sie zu eröffnen, noch *vor* der Sammlung, *vor* dem Sammeln, vor dem Akt, von dem sich doch alles abzuleiten scheint. An anderer Stelle heißt es, daß, »wer die Idee des Unendlichen besitzt, [...] den Anderen bereits empfangen [hat]«.[9] Oder: »Den Anderen empfangen heißt, meine Freiheit in Frage stellen.«[10]

Halten wir unter den abertausend Stellen von *Totalität und Unendlichkeit*, in denen das Wort *Empfang* vorkommt, im Augenblick jene fest, in der am Anfang des Kapitels »Wahrheit und Gerechtigkeit« nichts Geringeres als die Rede definiert wird: die Rede als Gerechtigkeit. Die Rede erweist sich als Gerechtigkeit »*in der Geradheit des* Empfangs, den sie [die Rede] *dem Antlitz bereitet*«.[11]

Und schon kündigen sich mit dem Wort Gerechtigkeit die großen Probleme an, denen wir uns später nähern wollen, vor allem jene, die sich mit dem Dritten einstellen. Dieser gesellt sich plötzlich dazu, ohne abzuwarten. Ohne abzuwarten affiziert er das Antlitz in der Erfahrung von Angesicht zu Angesicht. Zwar unterbricht dieses Dazwischentreten des Dritten, unterbricht diese »Drittheit« nicht gerade den Empfang als solchen, immerhin aber lenkt sie, wie ein Zeuge (*terstis*), der Zeugnis ablegen will im Duell von Angesicht zu Angesicht, den eigentümlichen Empfang der Einzigkeit des Anderen auf sich bzw. auf sich ab. Die Illeität des Dritten ist aber bei Lévinas nichts Geringeres als der Anfang der Gerechtigkeit, sowohl als Recht als auch jenseits des Rechts, im Recht jenseits des Rechts. In *Jenseits des Seins* ist von jener »*Illeität*, in der dritten Person« die Rede; »nach einer ›Tertialität‹ aber, die sich unterscheidet von der des dritten Menschen, jenes Dritten, der das ›face à face‹ bei der Aufnahme des anderen Menschen unterbricht – die Nähe oder die Annäherung an den Nächsten unterbricht – des dritten Menschen, mit dem die Gerechtigkeit beginnt«.[12]

Weiter oben hieß es in einer Anmerkung zur Gerechtigkeit, sie sei »Gegenwart des Dritten«.[13] Es gibt Seiten, aus denen ich immer die Not einer Aporie, einer Klage, einer Versicherung, eines Protestes, auch eines Aufschreis oder die Beschwerde Hiobs herauszuhören meine, der versucht wäre, nicht *an* die Gerechtigkeit zu appellieren, sondern *gegen* sie aufzurufen, Seiten, auf denen die verzweifelten Fragen des Gerechten auf uns zukommen. Eines Gerechten, der gerechter sein möchte als die Gerechtigkeit. Ein anderer Hiob, sofern es sich nicht um den Anderen Hiobs handelt, fragt sich in der Tat, was er mit der Gerechtigkeit zu schaffen hat, mit der gerechten und ungerechten Gerechtigkeit. Solche Fragen klagen über den Widerspruch, einen Widerspruch ohnegleichen, beispiellos, den furchterregenden Widerspruch des Sprechens durch das Sprechen, das Wider-Sprechen als solches:

Der Dritte ist anders als der Nächste, aber auch ein anderer Nächster und doch auch ein Nächster des Anderen und nicht bloß ihm ähnlich. Was also sind sie, der Andere und der Dritte, was sind sie, der-Eine-für-den-Anderen? Was haben sie einander getan? Welcher hat Vortritt vor dem Anderen? [...] Der Andere und der Dritte, meine Nächsten, Zeitgenossen füreinander, entfernen mich vom Anderen und vom Dritten. ›Friede, ja Friede, dem Fernen wie dem Nächsten‹ (Jesaia 57,19), die Schärfe dieser scheinbaren Rhetorik wird nun verständlich. Der Dritte führt einen Widerspruch in das Sagen ein [...] Von selbst findet die Verantwortung nun eine Grenze, entsteht die Frage: ›Was habe ich gerechterweise zu tun?‹ Gewissensfrage. Es braucht die Gerechtigkeit, das heißt den Vergleich, die Koexistenz, die Gleichzeitigkeit, das Versammeln [...].[14]

Lévinas analysiert sodann beherzt die Konsequenzen dieses »es braucht«. Wie mit Gewalt führt es uns wieder an Orte zurück, über welche die Ethik hinausgehen müßte: Sichtbarkeit des Antlitzes, Thematisierung, Vergleich, Synchronie, System, Ko-präsenz *»wie vor einem Gericht«*. In Wahrheit führt es uns nicht nachträglich noch einmal an jene Orte zurück, es bestellt uns schon seit dem vorgestrigen Tag dorthin. Denn der Dritte wartet nicht, er ist da, seit der »ersten« Epiphanie des Antlitzes im Von-Angesicht-zu-Angesicht.

Die Frage ist demnach der Dritte.

Das *»Entstehen der Frage«* ist der Dritte. Ja, das *Entstehen*, denn der Dritte wartet nicht, er steht am Urprung des Antlitzes und des Von-Angesicht-zu-Angesicht. Ja, das Entstehen der *Frage als Frage*, denn das Von-Angesicht-zu-Angesicht hebt sich sofort auf, es unterbricht sich, ohne sich zu unterbrechen, *als* Von-Angesicht-zu-Angesicht, als Duell zweier Singularitäten. Das Unausweichliche des Dritten ist das Gesetz der Frage. Frage einer Frage, wie an den Anderen und vom Anderen aus gerichtet, dem Anderen des Anderen, Frage einer Frage, die zwar nicht die erste ist (sie kommt nach dem *Ja* zum Anderen und dem *Ja* des Anderen), aber der nichts vorausgeht. Nichts, und vor allem niemand.

Die Frage, folglich aber auch die Gerechtigkeit und die philosophische Intelligibilität und das Wissen; selbst die Figur des Staates kündigt sich in ihr an, von Nahestehendem zu Nahestehendem, vom Nächsten zum Nächsten. Denn, wie wir hören werden, *es braucht* all das.

Dieselbe Logik, dieselben Sätze, häufig die wörtliche Wiederholung dieser Aussagen bringen Lévinas in *Frieden und Nähe* [*Paix et Proximité*] dazu, aus der Unausweichlichkeit des Dritten *sowohl* den Ursprung der Frage als solcher (der philosophischen Rede also, die über ihn ihr Statut festlegt und ihre Signatur mit ihm legitimiert: fast die Gesamtheit von Lévinas' Diskurs, zum Beispiel: fast der gesamte Raum seiner Intelligibilität für uns appelliert an diesen Dritten[15]), *als auch* die Gerechtigkeit *und* die *»politische Struktur der Gesellschaft«* abzuleiten. Der übergangslose Sprung, der abrupte Wechsel vom »Ohne-Frage« hin zur Geburt der »ersten Frage« definierten dabei gleichzeitig den Übergang von der ethischen Verantwortung zur juristischen, politischen – und philosophischen Verantwortung. Er bedeutet auch: Verabschiedung der Unmittelbarkeit:

> Die Verantwortung für den anderen Menschen ist in ihrer *Unmittelbarkeit* zwar *jeder Frage vorgängig.* Doch wie kann sie verpflichten, wenn ein Dritter diese Exteriorität zu zweit stört, in der meine Subjektabhängigkeit Abhängigkeit vom Nächsten ist? Der Dritte ist anders als der Nächste, aber auch ein anderer Nächster und auch ein Nächster des Anderen und nicht einfach sein Gleicher. Was soll ich tun? Wer kommt vor dem Anderen in meiner Verantwortung? Wer sind sie, der Andere und der Dritte, der Eine im Verhältnis zum Anderen? *Entstehen einer Frage.*
>
> Die erste Frage im Zwischenmenschlichen ist die *Frage nach Gerechtigkeit. Man muß von jetzt an wissen,* sich ein Gewissen geben. Meine Beziehung zum *Einzigen* und dem Unvergleichlichen wird überlagert vom Vergleich und, in Hinblick auf Rechtlichkeit und Gleichheit, von einem Abwägen, einem Denken, einer Berechnung, dem *Vergleich zwischen Unvergleichlichem* und damit der Neutralität – Anwesenheit oder Vorstellung – des Seins, der Thematisierung und der Sichtbarkeit des Antlitzes ...[16]

Die Schlußfolgerung wird ausgedehnt bis hin zur *»politischen Struktur der den Gesetzen unterworfenen Gesellschaft«*, bis hin zur *»Würde des Bürgers«*, bis hin zu einem Punkt also, an dem doch die Unterscheidung zwischen dem ethischen Subjekt und dem bürgerlichen Subjekt einschneidend bleiben müßte.[17] Doch dieses Verlassen einer rein ethischen Verantwortung, diese Unterbrechung der ethischen Unmittelbarkeit ist selber unmittelbar. Der Dritte wartet nicht, seine Illeität macht mit dem ersten Aufscheinen des Antlitzes im Von-Angesicht-zu-Angesicht auf sich aufmerksam. Die Abwesenheit des Dritten würde nämlich der Reinheit des Ethischen mit Gewalt drohen in der absoluten Unmittelbarkeit des Von-Angesicht-zu-Angesicht mit dem Einzigen. Natürlich sagt Lévinas das nicht in dieser Form. Aber was tut er denn, wenn er über das Duell oder mit dem Duell eines Von-Angesicht-zu-Angesicht zwischen zwei »Einzigen« sich an die Gerechtigkeit wendet und immer wieder bekräftigt: »es braucht« die Gerechtigkeit, »es braucht« den Dritten? Geht er da nicht auf jene Hypothese ein von der Gewalt der reinen und unmittelbaren Ethik im Von-Angesicht-zu-Angesicht des Antlitzes? von einer potentiell entfesselten Gewalt in der Erfahrung des Nächsten und der absoluten Einzigkeit? von der Unmöglichkeit, dabei das Gute vom Bösen, Liebe von Haß, das Geben vom Nehmen, den Lebenswunsch vom Todestrieb, den gastlichen Empfang von der egoistischen oder narzißtischen Abkapselung zu unterscheiden?

Der Dritte würde demnach gerade vor dem Taumel ethischer Gewalt schützen. Die Ethik könnte dieser Gewalt auf doppelte Weise ausgesetzt sein: einmal um sie zu erdulden, aber auch um sie auszuüben. Abwechselnd oder gleichzeitig. Es stimmt, daß der schützende oder vermittelnde Dritte in seinem politisch-juristischen Werdegang seinerseits zumindest virtuell die Reinheit des ethischen Begehrens verletzt, das dem Einzigen gewidmet ist. Von daher erklärt sich die schreckliche Fatalität des doppelten Zwanges.

Dieser *double bind* wird von Lévinas nie als solcher bezeichnet. Dennoch nehme ich das Risiko auf mich, ihn als Notwendigkeit in die Konsequenz seiner Axiome einzuschreiben, Axiome, die Lévinas selber aufgestellt bzw. in Erinnerung gerufen hat: wenn das Von-Angesicht-zu-Angesicht mit dem Einzigen die unendliche Ethik meiner Verantwortung für den Anderen in einer Art *Schwur avant la lettre*, einer Art Rücksicht oder bedingungsloser Treue zum Einsatz bringt, dann schreibt das unausweichliche Auftauchen des Dritten und mit ihm der Gerechtigkeit einen ersten Treubruch fest. Als stiller, passiver, schmerzhafter, aber unausbleiblicher ist ein solcher Treubruch weder zufällig noch zweitrangig, er ist so ursprünglich wie die Erfahrung des Antlitzes. Gerechtigkeit würde mit diesem Treubruch beginnen. (Jedenfalls die Gerechtigkeit als Recht; wenn allerdings die Gerechtigkeit transzendent oder dem Recht gegenüber heterogen bleibt, dürfen diese beiden Begriffe dennoch nicht getrennt werden: die Gerechtigkeit *erfordert* das Recht, und das Recht bleibt ebensowenig abwartend wie die Illeität des Dritten im Antlitz. Wenn Lévinas »Gerechtigkeit« sagt, darf man, so scheint mir, berechtigterweise auch »Recht« heraushören. Das Recht nähme seinen Anfang mit einem solchen Treubruch, es verriete die ethische Redlichkeit.)

Treubruch benennt meines Wissens nach sowenig ein Thema bei Lévinas wie *Schwur* – und ich erinnere mich nicht, in den Schriften, mit denen wir uns beschäftigen, auf diese Wörter gestoßen zu sein oder sie dort bemerkt zu haben. Darum die Notwendigkeit zu präzisieren: »Schwur *avant la lettre*«, was auch, dieses Mal ganz nahe bei der Wörtlichkeit des Textes von Lévinas, Schuldigkeit noch vor jedem Vertrag, noch vor jeder Anleihe bedeutet. Im übrigen zögert Lévinas nicht, von einem »ursprünglichen Ehrenwort« zu sprechen, und zwar in Zusammenhang mit der Erfahrung des Zeugnisablegens, der »Bezeugung seiner selbst«, der »Geradheit des Von-Angesicht-zu-Angesicht«.[18]

Welch ein unzumutbarer Skandal: auch wenn Lévinas es so nicht sagt, die Justiz ist so eidbrüchig, wie sie atmet, sie verrät das »ursprüngliche Ehrenwort« und schwört, nur um schwurbrüchig zu werden, abzuschwören oder zu beleidigen. Und wenn Lévinas den Stoßseufzer des Gerechten ausstößt: »Was habe ich mit der Gerechtigkeit zu schaffen?«, so geschieht das sicherlich angesichts dieser Fatalität.

Fortan lassen sich mit der Entfaltung der Justiz Treue zum Schwur und Treubruch durch falsches Zeugnis nicht mehr auseinanderhalten, und zuallererst nicht Verrat und Verrat, weil ein Verrat immer mehr als ein Verrat ist. Man müßte dann mit aller erforderlichen analytischen Umsicht die Qualität, die Modalität, die Umstände der Verstöße gegen die geschworene Aufrichtigkeit, gegen das »ursprüngliche Ehrenwort« noch vor allen Schwüren respektieren. Aber derlei Differenzierungen könnten nie die Spur eines solchen Treubruchs verwischen. Wie der Dritte, der nicht abwartet, ist die Instanz, welche Ethik und Gerechtigkeit einleitet, in ein schwebendes, quasi transzendentes bzw. ursprüngliches, ja, vor-ursprüngliches Treubruchverfahren verwickelt. Man könnte es auch *ontologisch* heißen da, wo es die Ethik mit allem verschweißt, was sie übersteigt und verrät (eben die Ontologie, die Synchronie, die Totalität, den Staat, die Politik usw.). Man könnte in ihm sogar ein ununterdrückbares Böses bzw. eine radikale Perversion sehen, wenn der böse Wille aus ihm eingangs nicht auch abwesend sein könnte und wenn seine Möglichkeit, zumindest die Besessenheit von dieser Möglichkeit[19], wenn irgendeine Pervertibilität nicht auch die Bedingung des Guten, der Gerechtigkeit, der Liebe, der Aufrichtigkeit usw. sein könnte. Und auch der Vervollkommnungsfähigkeit.

Diese »Möglichkeit« ist dennoch nicht die Abstraktion einer einleitenden Pervertibilität. Eher wäre sie die *Unmöglichkeit,* zu kontrollieren, zu beschließen, eine Grenze zu setzen, *Unmöglichkeit,* Kriterien, Normen, Regeln aufzustellen, um sich daran zu halten, eine Schwelle, welche die Pervertibilität von der Perversion trennen würde.

Diese Unmöglichkeit wird gebraucht. Diese Schwelle darf

sich nicht einem Allgemeinwissen oder einer geregelten Technik zur Verfügung stellen. Sie muß über jedes reglementierte Verfahren hinausgehen, um gerade das einzuleiten, was immer zu pervertieren droht (das Gute, die Gerechtigkeit, Liebe, Aufrichtigkeit – und die Vervollkommnungsfähigkeit usw.). Es braucht das alles, es braucht jene mögliche Gastlichkeit schlimmstenfalls, damit die gute Gastlichkeit ihre Chance erhält, die Chance, den Anderen, das *Ja* des Anderen nicht weniger als das *Ja* an den Anderen in Erscheinung treten zu lassen.

Diese unendlichen Komplikationen ändern nichts an der allgemeinen Struktur, aus der sie in Wahrheit hervorgehen: die Rede, die Gerechtigkeit, die ethische Geradheit hängen zuallererst mit dem *Empfang* zusammen. Der Empfang ist immer ein dem Antlitz vorbehaltener Empfang. Eine rigorose Untersuchung dieses Empfangsdenkens müßte nicht nur die Kontexte aufzeigen, in denen sich die Rekurrenz dieses Wortes in geregelter Weise aufzwingt.[20] Eine immense Aufgabe. Sie hätte auch die Chancen zu berücksichtigen, die ihm das französische Idiom gewährt: Idiom, eine zweideutige Chance, *shibboleth* der Schwelle, eine der Gastlichkeit vorgängige Chance, eine von Lévinas gelobte Chance, Chance für sein Schreiben, aber durch sein philosophisches Schreiben auch eine der französischen Sprache dargebotene Chance. Diese Chancen häufen solche Orte, die eine Krypte begünstigen; sie bereichern auch die Schwierigkeiten, die entstehen können beim Übersetzen des Empfangsvokabulars in bestimmte andere Sprachen, da, wo diese Analyse der Gastlichkeit (Gastlichkeit einer Sprache und der einer Sprache bereitete Empfang, Gastgebersprache und Gastsprache), zum Beispiel beim Sammeln und Wiedereinsammeln von Sinn, ein sehr signifikatives Spiel erkennen läßt zwischen der *Sammlung* und dem *Empfang*.

Wir hatten soeben schon darauf hingewiesen: Lévinas öffnet stets die Sammlung auf den Empfang hin. Er erinnert daran, daß die Sammlung durch den Empfang, den Empfang des Anderen, den dem Anderen vorbehaltenen Empfang eröffnet wird. *»Die Sammlung bezieht sich auf einen Empfang«*[*], sagt er in einem Abschnitt des Kapitels »Die Bleibe«, das ausführliche, befragende Analysen auf den Plan rufen könnte. Lévinas beschreibt in ihm die Intimität des Hauses bzw. des *Zuhause*: Ort der gesammelten Innerlichkeit, Ort der Sammlung zwar, doch einer Sammlung, in welcher der gastliche Empfang vollzogen wird. Nach der Analyse eines unscheinbaren Phänomens, der *Diskretion* nämlich, die im Antlitz Erscheinung und Rückzug miteinander vereinigt, wird die Frau genannt:

> ... der Andere, dessen Anwesenheit auf diskrete Weise eine Abwesenheit ist, von der aus sich der gastfreundliche Empfang schlechthin, der das Feld der Intimität beschreibt, vollzieht, ist die Frau. Die Frau ist die Bedingung für die Sammlung, für die Innerlichkeit des Hauses und für das Wohnen.[21]

Welche *Tragweite* kommt dieser Sammlung zu? Zwar bezieht sie sich prinzipiell, wir haben es soeben gehört, *»auf den Empfang«*. Da kommt sie zum Tragen, da liegt ihre *Feranz*, ihr Bezug oder ihre Beziehung. Aber sie ist *im Aufscheinen*, in der Gestalt der Frau oder des Hauses, nur eine Modalität des Empfangs im *ich-du* der *»stillen Sprache«*, des *»Verstehens ohne Worte«*, des *»Ausdrucks im Verborgenen«*, in dem, was Lévinas hier *»weibliche Andersheit«* nennt.

* Anm. d. Übersetzers: Zitiert sei hier eine Anmerkung des Übersetzers von *Totalité et Infini*, W. N. Krewani, der in bezug auf diesen Satz erklärt, a. a. O., S. 221: »*›Sammlung‹ = ›recueillement‹ (von recueillir), ›Empfang‹ = ›accueil‹ (von ac-cueillir). Das Verb cueillir hängt über col-ligere mit legein und logos zusammen.*«

Diese scheint zunächst gekennzeichnet zu sein von einer Reihe von Mängeln. Es läßt sich eine gewisse Negativität ausmachen aufgrund solcher Wörter wie »ohne«, »nicht«, »noch nicht«. Und was hier ermangelt, ist nichts weniger als die herausragende Möglichkeit der Sprache: nicht der Sprache allgemein, sondern der *Transzendenz* der Sprache, der Worte und der Unterweisung von der Höhe des Antlitzes aus:

Das einfache Leben von ..., die spontane Annehmlichkeit der Elemente, ist *noch nicht* das Wohnen. Aber das Wohnen ist *noch nicht* die Transzendenz der Sprache. Der Andere, der in der Intimität *empfängt*, ist nicht das *Sie** des Antlitzes, das sich in einer Dimension der Höhe offenbart – sondern gerade das *Du* der Vertrautheit: Sprache *ohne* Unterweisung, stille Sprache, Verstehen *ohne* Worte, Ausdruck im Verborgenen. Das Ich-Du, in dem Buber die Kategorie der zwischenmenschlichen Beziehung sieht, ist nicht die Beziehung mit einem Gesprächspartner, sondern mit der weiblichen Andersheit.[22]

Wenn es auch den Anschein haben mag, als entbehre so die weibliche Andersheit der »Höhe« des Antlitzes und der absoluten Vertikalität des Hoch-Erhabenen in der Unterweisung, sie spricht – und sie spricht eine menschliche Sprache. Sie hat nichts Animalisches an sich trotz der Anzeichen, welche in der Beschreibung eine solche Unterstellung nahelegen. Diese Sprache ist ganz einfach *»still«*, und wenn es Gastlichkeit gibt oder eine *»Zufluchtsstätte«*, dann, weil die Bleibe die Animalität übersteigt. Denn wenn das Heim der Bleibe ein *»Heim wie in eine[r] Zufluchtsstätte«* ist, so bedeutet das, daß der Bewohner in ihm gleichzeitig Exilierter und Flüchtling bleibt, Gast und nicht Besitzer. Darin besteht der Humanismus dieser *»weiblichen Andersheit«*, Humanismus der anderen Frau, des Anderen als Frau. Denn wenn die Frau auch in der Stille ihres *»weiblichen Seins«* kein Mann ist, sie bleibt mensch-

* Anm. d. Übersetzers: »Vous« – »Sie«, Höflichkeitsform.

lich. Ebensowenig wie die Nähe ganz allgemein, setzt auch die Vertrautheit des Hauses der Trennung kein Ende, und ebensowenig bedeuten Liebe oder Eros Verschmelzung. Im Gegenteil, die Vertrautheit ist Vollzug »eine[r] Energie *der Trennung*«:

> Von ihr aus [der Vertrautheit] konstituiert sich die Trennung als Bleibe und Wohnen. Von nun an bedeutet Existieren Bleiben*. Bleiben ist gerade nicht die einfache Tatsache der anonymen Existenz eines Seienden, das in die Existenz geworfen ist wie ein Stein, den man hinter sich wirft. Das Bleiben ist eine *Sammlung*, ein Zu-sich-kommen, ein Rückzug ins eigene Heim wie in eine *Zufluchtsstätte*, die von einer *Gastlichkeit*, einer Erwartung, einem *menschlichen Empfang* aufgetan wird. *Menschlicher Empfang*, für den die Sprache, die schweigt, eine wesentliche Möglichkeit bleibt. Dieses stille Kommen und Gehen des weiblichen Seins, das mit seinen Schritten die geheimen Schichten des Seins zum Klingen bringt, ist nicht das verwirrende Mysterium der animalischen und katzenhaften Präsenz, deren eigentümliche Zweideutigkeit zu beschwören Baudelaire sich gefällt.[23]

Hier haben wir es anscheinend mit einem der Kontexte der *Ich-Du*-Diskussion Bubers zu tun. (Trotz der Vorbehalte, welche bei ihm Bubers Diskurs über das Duzen erweckt hat, spricht Lévinas dem Duzen eine *»außerordentliche Geradheit«* zu.[24]) Doch wieso davon ausgehen, es handele sich hier um einen Kontext unter anderen? Wieso glauben, die Modalität des Empfangs bliebe lediglich eine Modalität der Gastfreundschaft in Hinblick auf das Haus, die Bleibe und vor allem die Weiblichkeit der Frau? Doch allein Lévinas' Formulierungen würden uns eine solche Einschränkung untersagen. In jedem Fall komplizieren sie auf einzigartige Weise deren Logik. Mit

* Anm. d. Übersetzers von *Totalité et Infini*, W. N. Krewani: *»›Demeurer‹, das wir hier mit ›Bleiben‹ übersetzen, heißt sowohl bleiben als auch wohnen (vgl. die Bleibe – la demeure).«*

Nachdruck wird *»die Frau«* explizit als Empfangende *»schlechthin«* definiert, wird auf das *»weibliche Sein«* als »den Empfangenden schlechthin«, *»den Empfangenden an sich«* verwiesen.[25] Die Formulierungen unterstreichen eine solche, wesentliche Entschlossenheit in einer Bewegung, deren Konsequenzen wir gar nicht bis zu Ende ermessen können. Zumindest in zwei Richtungen nicht.

Einerseits muß davon ausgegangen werden, daß »der Empfangende schlechthin«, »der Empfangende an sich« innerhalb jener Grenzen empfängt, an die wir vorhin erinnert haben, nämlich die des Wohnens und der weiblichen Andersheit (*ohne* »Transzendenz der Sprache«, *ohne* die »Höhe« des Antlitzes in der Unterweisung usw.). Diese Grenzen verlaufen möglicherweise noch nicht zwischen dem Ethischen und dem Politischen, sondern erst einmal zwischen dem Vorethischen – dem »Wohnen« bzw. der »weiblichen Andersheit« vor der Transzendenz der Sprache, vor der Höhe und der Illeität des Antlitzes, der Unterweisung usw. – *und* andererseits dem Ethischen, so als könne es dort zu einem Empfang kommen, ja, dem Empfang »schlechthin«, »an sich«, *vor* dem Ethischen. So als habe das »weibliche Sein« als solches noch keinen Zugang zum Ethischen. Der Platz des Kapitels »Das Wohnen« und im weiteren Sinne der des Großkapitels, zu dem es gehört (»Innerlichkeit und Ökonomie«), würden so gesehen ernsthafte Probleme einer Architektonik aufwerfen, wäre die Architektonik nicht wenigstens eine »Kunst des Systems« (Kant) und würde *Totalität und Unendlichkeit* nicht damit beginnen, die systemische Totalität als höchste Form philosophischer Exposition in Frage zu stellen. Danach, so könnte man hinzufügen, würde die Architektonik vielleicht die Philosophie wieder ins Wohnbare des Wohnens einführen: es geht bei den Empfangsproblemen, die uns hier quälen, immer schon um die Innerlichkeit einer Ökonomie.

Müßte man dann nicht versuchen, von diesem Abgrund

aus die Schrift, die Sprache (die Sprachen) und den Aufbau dieses einzigartigen Buches zu deuten und, ausgehend vom Geschlechtsunterschied, die Exposition des Empfangs, des Empfangs schlechthin? Wir sind mit diesen Fragen noch nicht fertig. Um so weniger, als sie auch das Großkapitel »Jenseits des Antlitzes« betreffen, angefangen von der »Zweideutigkeit der Liebe« und allem, was mit Weiblichkeit zu tun hat in der Analyse der Liebkosung (»Phänomenologie des Eros«).

Wir werden uns darauf an dieser Stelle noch nicht einlassen. Merken wir lediglich an, als Einstieg, daß die »Phänomenologie des Eros« in erster Linie und nur dem Weiblichen *zugewandt* bleibt, wenn man so sagen kann, gesteuert also vom männlichen *Gesichtspunkt* aus, einem *Gesichtspunkt* aber, der sich blind an diesen Punkt des Nicht-Lichts begibt, welcher »das Weibliche« ist, insofern es »der Vergewaltigung zugänglich und unzugänglich«[26] ist. Diese unverletzbare Verletzbarkeit, diese Verwundbarkeit eines Wesens, das die Gewaltanwendung verbietet, wo es sich ihr wehrlos aussetzt, – das ist es, was das Antlitz im Weiblichen zu gestalten scheint, wenn auch das Weibliche ein Antlitz bietet, »das über das Antlitz hinausgeht«, dahin, wo der Eros darin besteht, »über das Mögliche hinauszugehen«.[27]

Wir sollten das, worum es in diesen Analysen geht, und die damit verbundenen Risiken nicht geringschätzen. 1961 schienen sie noch von dem Elan derjenigen getragen zu sein, die Lévinas schon 1947 dem Eros gewidmet hatte in *De l'existence à l'existant*[28] und in *Le temps et l'autre* [*Die Zeit und der Andere*] [29]. Das Weibliche benennt dort das, was in einer Bewegung gleichzeitig das Ich und die Welt des Lichts zu transzendieren erlaubt, also eine gewisse phänomenologische Herrschaft, die von Platon bis zu Husserl reicht. Insofern wird das Weibliche, das in *Totalität und Unendlichkeit* zum »Empfangenden schlechthin« wird, schon 1947 als »das Andere schlechthin« definiert.

> Die Welt und das Licht sind die Einsamkeit [...] Es ist mit keiner der Relationen, welche das Licht kennzeichnen, möglich, die Andersheit des Anderen zu fassen, die das Definitive des Ich durchbrechen muß. Antizipierend könnten wir sagen, daß die Anlage des *Eros* sie erahnen läßt, daß das Andere schlechthin das Weibliche ist [...]. Der *Eros*, ist er erst einmal abgegrenzt gegen die Platonische Deutung, welche die Rolle des Weiblichen total verkannt hat, ist das Thema einer Philosophie, die uns, losgelöst von der Einsamkeit des Lichts und folglich auch von der Phänomenologie im eigentlichen Sinne, anderweitig beschäftigen wird.[30]

Zur selben Zeit führt in *Die Zeit und der Andere*[31] eine Analyse des Geschlechtunterschieds (Lévinas erinnert nachdrücklich daran, daß es sich bei ihm nicht um irgendeinen Unterschied handelt, etwa um die Art von »Differenz«, die weder Widerspruch noch Ergänzendes ist) zu ähnlichen Gedanken. Das Weibliche ist ein »Seinsmodus, der darin besteht, sich dem Licht zu entziehen«, es ist eine »Flucht vor dem Licht«, eine »Existenzweise« im »Sich-Verbergen« aus Schamhaftigkeit.

Schon 1947 kündigen solche Bemerkungen *Totalität und Unendlichkeit* (1961) an, doch auch viel später, 1985, greift Lévinas einige dieser Gedanken wieder auf. Wir werden darauf zurückkommen.

Alles in allem muß Lévinas in der Tat mit einer Unterscheidung beginnen, der zwischen Gastlichkeit und Liebe, weil die eine nicht die andere vollzieht. Immerhin aber erkennt er an: *»... die Transzendenz der Rede ist gebunden an die Liebe«*. Da die Transzendenz der Rede nicht irgendeine Transzendenz ist, entsteht ein schwer zu entwirrendes Knäuel. Einige Fäden reichen gleichzeitig *weiter* und *weniger weit*. Wie im Fall der Architektonik wäre auch eine objektive Topologie nicht in der Lage, Linien, Oberflächen und Volumen, Winkel oder Eckpfeiler zu zeichnen. Sie würde vergebens danach trachten, die Begrenzungsstriche auszumachen, die Entfernungen zu ermessen. Um welche Ausdehnung handelt es sich? Was »*weiter*« als die Sprache geht, die Liebe nämlich, geht auch »*weniger weit*« als sie.

Doch alle Fäden führen unweigerlich durch den Knoten der Gastlichkeit, in ihr werden sie verknotet und aufgeknotet:

Das metaphysische Geschehen der Transzendenz – *der Empfang des Anderen, die Gastlichkeit* – Begehren und Sprache – vollziehen sich nicht als Liebe. Aber die Transzendenz der Rede ist gebunden an die Liebe. Wir werden zeigen, wie die Transzendenz kraft der Liebe zugleich *weiter und weniger weit* geht als die Sprache.[32]

Andererseits würden wir so an jenes unerbittliche Gesetz der Gastlichkeit erinnert: der Gastgeber, derjenige also, der den Gast empfängt und glaubt, Besitzer des Ortes zu sein, ist in Wirklichkeit ein Gast, der in seinem eigenen Haus empfangen wird. Er empfängt die Gastfreundschaft, die er *in* seinem eigenen Haus gewährt, er empfängt sie *von* seinem eigenen Haus – das ihm im Grunde nicht gehört. Der Gastgeber ist sein eigener Gast. Die Bleibe öffnet sich sich selbst, ihrem wesenlosen »Wesen« als »*Zufluchtsstätte*«. Der Empfangende ist zuallererst Empfangener bei sich. Der Einladende ist der von seinem Eingeladenen Eingeladene. Wer empfängt, wird empfangen, er empfängt die Gastlichkeit in dem, was er für sein eigenes Haus, ja, sein eigenes Land hält, entsprechend dem Gesetz, an das auch Rosenzweig erinnert hat. Dieser unterstrich jene ursprüngliche Enteignung, den Rückzug, der den »Eigentümer« aus dem ihm Eigenen selbst enteignet, das *ipse* aus seiner Selbstheit, und aus seinem Zuhause einen Ort oder eine Pacht des Übergangs macht:

Und darum wird ihm sogar wenn es daheim ist, wiederum anders als allen Völkern der Erde, dies volle Eigentum der Heimat bestritten: es selbst ist nur ein Fremdling und Beisaß in seinem Lande; »mein ist das Land«, sagt ihm Gott; die Heiligkeit des Landes entrückt das Land seinem unbefangenen Zugriff ...[33]

Dieses Nebeneinanderstellen mag gezwungen oder gekünstelt erscheinen, ich halte es aber für notwendig und werde nicht aufhören, es ins Werk zu setzen, wenigstens implizit – Nebeneinander der Gedanken von Rosenzweig und Lévinas, von göttlichem Gesetz einerseits, das aus dem Bewohner einen bei sich zu Hause empfangenen Gast macht, aus dem Eigentümer einen Pächter, aus dem Empfangenden einen Empfangenen, und dem Abschnitt über das weibliche Sein als »Empfangender schlechthin«, »Empfangender an sich« andererseits. Denn Lévinas definiert den Empfangenden – es müßte heißen die Empfangende noch vor dem Empfangenden (und somit also das, von dem aus sich ein Empfang im allgemeinen ankündigt) – in einem ganz bestimmten Abschnitt: da, wo er es als notwendig erachtet zu unterstreichen, daß das Haus nicht besessen wird. Oder nur besessen wird in einem ganz besonderen Sinn dieses Wortes, nämlich insofern es schon gastlich gegenüber seinem Besitzer ist. Der Herr hier, der Hausherr, ist schon *Gast* im eigenen Haus. Dieser absolute Vorrang des Empfangs, des Empfangens, der *Empfängnis* [accueillance] wäre eben die Weiblichkeit der *»Frau«*, die Innerlichkeit als Weiblichkeit – und als *»weibliche Andersheit«*. So wie in der Erzählung von Klossowski, wenn der Hinweis auf eine perverse Inszenierung an diesem Ort gestattet ist, der Hausherr zum Gast seines Gastes wird, in erster Linie weil eine Frau da ist. Die Erfahrung der Pervertibilität, von der wir weiter oben gesprochen haben, bei welcher der Dritte gleichzeitig erwünscht und ausgeschlossen wird, kann hier in der unauflöslichen Bindung an den Geschlechtsunterschied wahrgenommen werden.

Den wenigen Zeilen, die ich hier zitieren will, könnte man mehr als nur eine Lesart entnehmen. Man müßte in diesen

Zonen länger verweilen. Ein bestimmter Zugang könnte Unruhe auslösen, wie ein Text von mir bezeugt, auf den ich nicht zurückkommen möchte[34]; er würde zu der Erkenntnis einer traditionellen und androzentrischen Bestimmung der Züge der Frau gelangen (private Innerlichkeit, apolitische Häuslichkeit, Intimität einer Sozialität, von der Lévinas sagt, sie sei eine »Gesellschaft ohne Sprache«[35], usw.). Man könnte sich an einer anderen Lesart versuchen, die sich weder dieser ersten Lesart noch der Deutung Lévinas' polemisch oder dialektisch entgegenstellen würde.

Doch bevor wir diese andere Auslegung vornehmen, hören wir noch einmal die Definition des *»Empfangs schlechthin«*, des *»Empfangenden schlechthin«*, des *»Empfangenden an sich«*, nämlich des *»weiblichen Seins«* – und heben hervor:

> Das Haus, das den Besitz begründet, ist nicht im selben Sinne Besitz, wie die beweglichen Dinge, die das Haus aufnehmen und bewahren kann. Das Haus wird besessen, weil es schon eh und je *seinem Eigentümer Gastfreundschaft bietet.* Dies verweist uns auf die wesentliche Innerlichkeit des Hauses und auf den Bewohner, der es *vor jedem Bewohner bewohnt, auf den Empfangenden schlechthin, auf den Empfangenden an sich – auf das weibliche Sein.*[36]

Der andere Zugang zu dieser Beschreibung würde nicht mehr gegen den klassischen Androzentrismus protestieren. Er könnte sogar ganz im Gegenteil eine Art feministisches Manifest aus diesem Text machen. Der Empfang schlechthin, das Empfangen bzw. die *Empfängnis* einer absoluten, absolut ursprünglichen, ja vorursprünglichen Gastfreundschaft, das heißt nichts weniger als eines vorethischen Ursprungs der Ethik, werden von der Weiblichkeit aus definiert. Damit käme dieser Geste eine Tiefe an wesentlicher und metaempirischer Radikalität zu, welche dem Geschlechtsunterschied in einer von der Ontologie emanzipierten Ethik Rechnung tragen würde. Sie ginge so weit, die Offenheit des Empfangs dem *»weiblichen Sein«* zu übertragen und nicht der *Tatsache* empirischer Frauen. Der Empfang, anarchischer Ursprung des Ethischen, gehört der *»Dimension des Weiblichen«* an und nicht der empirischen Gegenwart eines Menschen »weiblichen Geschlechts«. Denn Lévinas kommt dem Einwand zuvor:

> Bedarf es der Anmerkung, daß es hier auf gar keinen Fall darum geht, der Lächerlichkeit zum Trotz, als empirisch wahr oder unwahr die Behauptung aufzustellen, jedes Haus setze *de facto* eine Frau voraus? In dieser Analyse sind wir dem Weiblichen als einem der Kardinalpunkte des Horizontes, innerhalb dessen das innere Leben sich entfaltet, begegnet; die empirische Abwesenheit des Menschen »weiblichen Geschlechts« in einer Bleibe ändert nichts an der Dimension des Weiblichen, die in der Bleibe als der eigentliche Empfang durch die Bleibe eröffnet ist.[37]

Muß hier zwischen zwei unvereinbaren Lesarten gewählt werden, zwischen einer androzentrischen Hyperbel und einer feministischen Hyperbel? Und gibt es in einer Ethik Platz für eine solche Wahl? Und in der Gerechtigkeit? Im Recht? In der Politik? Nichts ist weniger sicher. Ohne uns im Augenblick bei dieser Alternative aufzuhalten, sei in Hinblick auf die Bahn, die wir verfolgen, nur auf folgendes verwiesen: worüber auch immer wir noch sprechen werden und was immer wir auch gesagt haben, am besten ist es, sich daran zu erinnern, und sei es stillschweigend, daß dieses Denken des Empfangs, an der Öffnung hin zu einer Ethik, vom Geschlechtsunterschied gekennzeichnet sein muß. Dieser wird nie mehr unwirksam werden. Der absolute, absolut ursprüngliche, ja, vorursprüngliche Empfang, das Empfangen, ist weiblich; er findet statt an einem nicht anzueignenden Ort, in einer offenen »Innerlichkeit«, von welcher der Hausherr oder Besitzer eine Gastlichkeit empfängt, die er danach anbieten will.

Die Gastlichkeit geht dem Besitz voraus, was nicht ohne

Folgen bleiben wird – wir kommen auf sie noch zurück – für das gewährte Geschenk des Gesetzes, für das ganz rätselhafte Verhältnis zwischen Zufluchtsort und Tora, zwischen der Zufluchtsstätte, der Asylstadt, Jerusalem, und dem Sinai.

II

Wir können hier einer Aufgabe nicht nachkommen, die dennoch von großer Notwendigkeit ist: geduldig den Gedanken dieses Empfangs über alle Wege seiner Niederschrift anerkennen, überall da, wo er selbst eine Spur verfolgt, wo er in der Redewendung oder im Idiom von Lévinas seine Zeichen setzt, doch an der Kreuzung mehrerer Sprachen – und mehr als nur einem Gedächtnis treu.

Nähern wir uns auf bescheidenere Weise dem, was sich ankündigt, wenn das Wort »Gastlichkeit«, dieses Quasi-Synonym von »Empfang«, gleichwohl deren Gestalt bestimmt oder auch einschränkt und uns so zwischen dem Ethischen, dem Politischen und dem Recht Orte zuweist, Orte des »Erwachens auf eine Frage hin«, wie wir vorhin angemerkt haben, »Orte«, denen vielleicht die Namen »Antlitz« und »Sinai« verliehen werden sollten, so wie sie heute zur Untersuchung anstehen.

Der Satz, dessen Lektüre ich einen Moment lang unterbrochen oder von dem ich abgelenkt hatte (*»Sie [die Intentionalität, das Bewußtsein von …] ist Aufmerksamkeit auf das Wort oder Empfang des Antlitzes, Gastlichkeit, und nicht Thematisierung«*), bietet uns, wie wir sehr wohl sehen können, eine Kette von Äquivalenzen an. Doch was tut die Kopula dieses seriellen Satzes? Sie verbindet Entbindungsphänomene. Sie setzt voraus, daß diese Annäherung an das Antlitz – als Intentionalität oder Empfang, das heißt Gastlichkeit – untrennbar mit der Trennung selbst verbunden bleibt. Die Gastlichkeit meint die *»radikale Trennung«* als Erfahrung der Andersheit des Anderen, als Beziehung zum Anderen in dem Sinne, den Lévinas hervorhebt und herausarbeitet aus dem Wort »Beziehung«, aus dessen ferentieller, referentieller oder eher, wie er gelegentlich angibt, deferentieller *Tragweite*. Die Beziehung zum Anderen ist Deferenz, ist Ehrerbietung. Eine solche Trennung bedeutet eben das, was Lévinas noch einmal »Metaphysik« nennt: Ethik oder erste Philosophie im Gegensatz zur Ontologie. Weil sich diese Metaphysik, um zu empfangen, dem Einbruch der Idee des Unendlichen im Endlichen öffnet, ist diese Metaphysik Erfahrung der Gastlichkeit. Auf diese Weise rechtfertigte Lévinas die Ankunft des Wortes *Gastlichkeit*, bereitete er dessen Schwelle vor. Der Gang *meta ta physika* verläuft über die Gastlichkeit einer endlichen Schwelle, die sich der Unendlichkeit öffnet, aber dieser *meta-physische* Gang findet statt, er passiert, und dabei passiert er den Abgrund oder die Transzendenz der Trennung:

> Dem metaphysischen Denken, in dem ein Endliches die Idee des Unendlichen hat, in dem sich die radikale Trennung und gleichzeitig der Bezug zum Anderen ereignet, haben wir den Terminus der Intentionalität, des Bewußtseins von ... vorbehalten. Die Intentionalität ist Aufmerksamkeit auf das Wort oder Empfang des Antlitzes, Gastlichkeit, und nicht Thematisierung.

Die logischen Triebfedern dieser Sätze haben auch hier wieder den Charakter von elliptischen und friedfertigen Gewaltstreichen. Die prädikative Kopula »ist« fügt Begriffe zusammen, verbindet sie einzig nach dem Gesetz einer gewissen Trennung, einer unendlichen Trennung, ohne die es keine Gastlichkeit geben könnte, die diesen Namen verdient.

Was heißt das? Eine wohldurchdachte terminologische Entscheidung legt das Wort »Metaphysik« auf jene Situation fest, wo *»ein Endliches die Idee des Unendlichen«* hat; sie nimmt sich das Recht, sich den Gebrauch eines Wortes »vorzubehalten« (*»Dem metaphysischen Denken, in dem ein Endliches die Idee des Unendlichen hat [...]*). Zuvor hatte die Synchronie eines »gleichzeitig«, welches die Selbsterzeugung eines Ereignisses, das sich »ereignet«, determiniert, die Metaphysik, den Empfang des Anderen und die »radikale Trennung« gleichgesetzt (*»Dem metaphysischen Denken, in dem ein Endliches die Idee des Unendlichen hat, in dem sich die radikale Trennung und* gleichzeitig *der Bezug zum Anderen* ereignet, *haben wir den Terminus der Intentionalität, des Bewußtseins von … vorbehalten.«* Ich bin es natürlich, der hervorhebt.) Der folgende Satz (*»Die Intentionalität ist Aufmerksamkeit auf das Wort oder Empfang des Antlitzes, Gastlichkeit, und nicht Thematisierung«*) bewahrt die diskrete Milde dessen, was einige auch als die Logik performativer Dekrete zur Erfindung einer neuen Sprache oder eines neuen Gebrauchs von alten Wörtern auslegen könnten. Er läßt die Gastlichkeit mit einem Gewaltstreich herein, der nichts anderes als eine Friedenserklärung ist, die Erklärung des Friedens selber. Wir werden später noch der Frage nachgehen, was für Lévinas das Ereignis des Friedens bedeutet.

Der paradoxe Gebrauch einer Kopula (*»Die Intentionalität* ist *Aufmerksamkeit auf das Wort oder Empfang des Antlitzes, Gastlichkeit, und nicht Thematisierung«*) stellt nicht nur zwischen mehreren Substantivbedeutungen ein Wesensband her, das sich der gemeinsamen Entbindung in der radikalen Trennung verdankt. Diese Kopula führt auch zu dem, was auf der folgenden Seite als »Jenseits des Seins« explizit situiert wird. Dann aber kann ein solcher Satz als Gastlichkeit nicht nur die Intentionalität oder das Bewußtsein von geltend machen, auf welche die Grammatik mit allen Appositionen deutlich verweist (*»Die Intentionalität ist Aufmerksamkeit auf das Wort oder Empfang des Antlitzes, Gastlichkeit«*), sondern auch die Metaphysik, das Unendliche im Endlichen, die radikale Trennung, den Bezug zum Anderen usw. Das Wesen dessen, was ist oder eher sich *öffnet* jenseits des Seins, ist die Gastlichkeit.

Man könnte daraus eine etwas jähe Schlußfolgerung ziehen in einer Sprache, die nicht mehr wörtlich diejenige von Lévinas ist: die Gastlichkeit ist entweder unendlich, oder sie ist nicht; sie wird dem Empfang gewährt, dem Empfang der

Idee des Unendlichen, des Unbedingten also, und von ihrer Eröffnung aus ließe sich sagen, wie es Lévinas etwas weiter unten tut, daß die *»Moral nicht ein Zweig der Philosophie [ist], sondern die erste Philosophie«*.[38]

Wie aber sollte man in einer bestimmten politischen und juristischen Praxis diese unendliche, also bedingungslose Gastlichkeit regeln, diese Gastlichkeit an der Schwelle einer Ethik? Wie sollte sie ihrerseits eine bestimmbare Politik, ein bestimmbares Recht regeln? Würde sie, dann auch so benannt, auf eine Politik und ein Recht, auf eine Justiz hinauslaufen, denen die Begriffe, die wir traditionell mit diesen Worten verbinden, nicht mehr angemessen wären? Aus der Anwesenheit der Idee des Unendlichen in meiner Endlichkeit zu schließen, daß das Bewußtsein Gastlichkeit *ist*, daß das *cogito* angebotene oder gewährte Gastlichkeit, unendlicher *Empfang* ist, das ist ein Schritt, zu dem sich der französische Reiter, der doch so starken Schrittes gegangen ist, nicht so ohne weiteres durchringen konnte, auch wenn Lévinas oft an ihn appelliert.*

Weil die Intentionalität Gastlichkeit ist, kann sie der Thematisierung widerstehen. Die Gastlichkeit, ein Akt ohne Aktivität, Vernunft wie Rezeptivität, sinnliche *und* rationale Erfahrung des *Empfangens*, öffnet sich wie die Intentionalität, doch vermöchte sie nicht Objekt, Ding oder Thema werden. Die Thematisierung ihrerseits setzt dagegen schon Gastlichkeit, Empfang, Intentionalität, Antlitz voraus. Das Verschließen der Tür, Gastfeindschaft, Krieg, Allergie implizieren schon als ihre Möglichkeit angebotene oder gewährte Gastlichkeit: eine ursprüngliche, genauer eine vorursprüngliche Friedens-

* Anm. d. Übersetzers: Anspielung auf R. Descartes, der von Charles Péguy so bezeichnet wurde.

erklärung. Darin steckt vielleicht einer dieser furchterregenden Züge: er unterscheidet in der Logik eines sehr verwikkelten Verhältnisses zum kantianischen Erbe, auf das wir noch zurückkommen, einen ethischen und ursprünglichen Frieden (ursprünglich, aber nicht natürlich: besser ist es, vorursprünglich, anarchisch zu sagen) im Sinne Lévinas' von dem »ewigen Frieden« und einer universellen, kosmo*politischen,* also politischen und juristischen Gastlichkeit, eben der Gastlichkeit, von der Kant uns ins Gedächtnis ruft, daß sie gestiftet werden muß, um einen Zustand kriegerischer Natur zu unterbrechen, um mit einer Natur zu brechen, die nichts als aktuellen oder virtuellen Krieg kennt. Einmal als universelle Gastlichkeit gestiftet, muß sie Kant zufolge der natürlichen Feindlichkeit ein Ende setzen. Für Lévinas dagegen schreiben die Allergie, die Verweigerung oder das Vergessen des Antlitzes ihre zweite Negativität in den Kern des Friedens, in den Kern einer Gastlichkeit ein, die nicht der Ordnung des Politischen angehört, zumindest nicht so einfach dem politischen Raum. Darin steckt vielleicht ein zweiter Unterschied mit dem Kantianischen Friedensbegriff, Korrelat einer zwischenstaatlichen und republikanischen Institution, wohingegen Lévinas am Ende von »Politik danach!«[39] den Vorschlag macht (»Vorschlag« ist sein Wort, es ist so gut wie das letzte Wort in »Politik danach!«), daß *»der Friede ein Begriff ist, der das rein politische Denken übersteigt«*. Fernes, aber getreues Echo auf jene Friedenserklärung, die am Anfang des Vorworts von *Totalität und Unendlichkeit* steht: *»Vom Frieden kann es nur eine Eschatologie geben.«*

So wie eine kurze Abhandlung von »Krieg und Frieden« entzieht auch dieses Vorwort dem Begriff prophetische Eschatologie die philosophische Evidenz, den Horizont der Geschichte oder des Endes der Geschichte. Vom Frieden, von dem es nur Eschatologie geben kann, heißt es, daß er keinen Platz hat in der objektiven Geschichte, die der Krieg entdeckt, daß er nicht etwa das Ende dieses Krieges oder das Ende der Geschichte ist.[40]

Stellen wir vorläufig diese wenigen Bezugnahmen beiseite. Sie waren dazu bestimmt, hier, wenn auch von weitem, die Notwendigkeit zu rechtfertigen, auf die außerordentliche Komplexität dieser Problematik bei Kant und Lévinas zurückzukommen, zwischen dem Kant des *Zum ewigen Frieden* und der Frage des Ethischen, Juristischen und Politischen im Gastlichkeitsdenken bei Lévinas.

Die Intentionalität ist Gastlichkeit, sagt Lévinas also wörtlich. Die Macht dieser Kopula verleiht der Gastlichkeit eine enorme Reichweite. Es gibt keine intentionelle Erfahrung, die hier oder da die Erfahrung eingegrenzt ließe – oder auch nicht – von etwas, das man auf bestimmende oder bestimmbare Weise Gastlichkeit heißen könnte. Nein, die Intentionalität öffnet sich gleich an der Schwelle ihrer selbst in ihrer allgemeinsten Struktur als Gastlichkeit, als Empfang des Antlitzes, Ethik der Gastlichkeit, Ethik also ganz allgemein. Denn die Gastlichkeit ist nicht länger eine Region der Ethik oder gar, wir kommen noch darauf zu sprechen, der Name für ein Problem des Rechts oder der Politik: sie ist Ethizität selber, das Ganze und das Prinzip der Ethik. Und wenn sich die Gastlichkeit nicht eingrenzen oder ableiten läßt, wenn sie auf ursprüngliche Weise das Ganze der intentionellen Erfahrung erstarren läßt, dann hat sie kein Gegenteil: Phänomene der Allergie, des Verwerfens, der Xenophobie und selbst des Krieges manifestieren noch all das, was Lévinas explizit der Gastlichkeit gewährt oder ihr zuschreibt. Wie mir scheint, lag ihm in einem Gespräch, dessen Wörtlichkeit ich vergessen habe, daran zu betonen: noch der schlimmste Folterknecht bezeugt das, was er an sich oder am Anderen zerstört, sofern er es nicht rettet, nämlich das Antlitz. Ob sie es will oder nicht, ob man es weiß oder nicht, die Feindlichkeit legt noch Zeugnis ab von der Gastlichkeit: »*radikale Trennung*«, »*Bezug zum Anderen*«, »*Intentionalität, Bewußtsein von, Aufmerksamkeit auf das Wort oder Empfang des Anderen*«.

Anders gesagt: es gibt vor dem Empfang des Antlitzes, der sich Gastlichkeit nennt, oder ohne ihn keine Intentionalität. Und es gibt keinen Empfang des Antlitzes ohne jenen Diskurs, der Gerechtigkeit ist, »*Geradheit des Empfangs gegenüber dem Antlitz*«, was jener Satz gegen Ende von *Totalität und Unendlichkeit* festhält:

> ... daß das Wesen der Sprache Güte ist oder auch, daß das Wesen der Sprache Freundschaft und Gastlichkeit ist.[41]

Umgekehrt versteht man nur dann etwas von Gastlichkeit, wenn man sie durch eine Phänomenologie der Intentionalität erklärt, eine Phänomenologie, die dennoch auf Thematisierung verzichtet *da, wo es sein muß*. Eine Mutation, ein Sprung, eine so radikale wie diskrete und paradoxe Heterogeneität, die von der Ethik der Gastlichkeit in die Phänomenologie eingeführt wird. Lévinas deutet sie, mehr noch und eher noch als phänomenologische *épokhé*, auch als einzigartige Unterbrechung, als Schwebe oder als eine *épokhè der* Phänomenologie selber.

Man könnte versucht sein, diese Unterbrechung auf jene zu beziehen, welche die radikale Trennung einführt, das heißt die Bedingung der Gastlichkeit. Denn die Unterbrechung, die von der ethischen Rede *innerhalb* der Phänomenologie gekennzeichnet wird, in ihrem Innen-Außen, ist nicht irgendeine Unterbrechung. Diese Unterbrechung bürdet sich die Phänomenologie selber auf. Die Phänomenologie *unterbricht sich selber*. Diese Unterbrechung von sich durch sich, wenn so etwas möglich ist, kann oder muß das Denken auf sich nehmen: es ist der ethische Diskurs – und auch, als Grenze der Thematisierung, die Gastlichkeit. Ist Gastlichkeit dann nicht die Unterbrechung des Sich?

(Eine *gewisse* Unterbrechung der Phänomenologie durch sich selber hatte auch schon Husserl in Kauf nehmen müssen, ohne daß er davon wie von einer ethischen Notwendigkeit Kenntnis genommen hätte, als er nämlich auf den Grundsatz der Grundsätze der ursprünglichen Anschauung oder der Vergegenwärtigung in Person, »in Fleisch und Blut«, verzichten mußte. Daß er das in den *Cartesianischen Meditationen* tun mußte hinsichtlich des Anderen, eines *alter ego*, das sich immer nur qua appräsentativer Analogie offenbart, das also radikal getrennt und der ursprünglichen Wahrnehmung unzugänglich bleibt, ist keineswegs unbedeutend, weder in Hinblick auf die Husserlsche Phänomenologie noch auf den Diskurs von Lévinas über die Transzendenz des Anderen – ein Diskurs, der sich auf seine Weise dieser Unterbrechung verdankt. Was dort vom Anderen gesagt wird, läßt sich nicht trennen – wir haben an anderer Stelle nachdrücklich darauf hingewiesen – von der Andersheit als einer Bewegung der Verzeitlichung. Oder kurz gesagt: »Die Zeit und der Andere«, um einen Titel zu zitieren.)

Man hat nichts von der Gastlichkeit begriffen, wenn man nicht die Bedeutung des »Sich-selber-unterbrechens« und der Selbstunterbrechung durch sich als Anderen heraushören kann. In »Die Nähe«[42] wird das in einer Anmerkung erläutert, es heißt dort: die *»ethische Sprache, auf welche die Phänomenologie zurückgreift, um ihre eigene Unterbrechung aufzuzeigen«*. Diese ethische Sprache *»entsteht nicht aus einer ethischen Intervention, die den Beschreibungen aufgesetzt wird. Sie ist der eigentliche Sinn einer Annäherung, die über das Wissen entscheidet«*.

Die Unterbrechung wird der Phänomenologie nicht per Dekret aufgezwungen. Die Unterbrechung *entsteht* vielmehr im Verlaufe der phänomenologischen Beschreibung selber entsprechend einer intentionellen Analyse, die Abbild ihrer Bewegung, ihres Stils und der ihr eigenen Normen ist. Sie *entscheidet sich* im Namen der Ethik dafür, Unterbrechung von sich durch sich zu sein. Unterbrechung von sich aufgrund einer Phänomenologie, die sich damit ihrer eigenen Notwendigkeit ausliefert, ihrem eigenen Gesetz, da, wo ihr dieses Gesetz befiehlt, die Thematisierung zu unterbrechen, das heißt auch, sich untreu zu werden aus Treue zu sich selber, aus jener Treue zur *»intentionellen Analyse«*, die Lévinas stets einklagt.[43] Eine solche Treue, die untreu macht, ist Achtung vor dem Bewußtsein von als Gastlichkeit.

Lévinas selber hält eine solche Selbstunterbrechung für ein »Paradox«. Letzteres übersetzt nichts anderes als das »Rätsel« eines Antlitzes, das sich nur da zeigt – vielleicht läßt sich das auch noch so sagen –, wo es sich in Verschwiegenheit zurückzieht und *»aufsässig gegenüber der Enthüllung und der Offenbarung«* wird, wenn nicht gegenüber dem Licht des »Ruhms«. Was da nicht so sehr zerrissen oder abgelöst als vielmehr unterbrochen wird in einem primären Moment der Gastlichkeit, ist nichts Geringeres als die Gestalt des Schleiers und der Wahrheit als einer Offenbarung, Enthüllung oder gar Verhüllung/Enthüllung. Jene Anmerkung aus »Die Nähe« lag in der Tat nahe aufgrund der Analyse des *»Antlitzes als einer Spur«*, die *»unter meiner Verantwortung ihre eigene Abwesenheit anzeigt«* und *»eine Beschreibung herausfordert, die nur in die ethische Sprache einfließen kann«*.

Diese ethische Sprache der Phänomenologie beschreibt die Vorschrift da, wo diese sich nur als eine schon vorschreibende und noch einmal vorschreibende beschreiben läßt. Immer wieder läßt sich der phänomenologische Diskurs als Vorschrift und gleichzeitig als neutrale Beschreibung deuten, neutral wegen der Vorschrift. Eine solche Neutralisierung bleibt immer möglich – und zu fürchten. Ohne Zweifel liegt da eines der Risiken, gegen das sich Lévinas immer dann auflehnt, wenn er sich mit der Neutralisierung oder mit jener Neutralität auseinandersetzt, die er Heidegger zur Last legt und die *»herauszustellen das kritische Werk Blanchots soviel beigetragen hat«*, was er diesem kurioserweise hoch anrechnet.[44]

Im Kontext des Entfaltens einer Reihe von analytischen Sätzen, in denen versucht wird, die Gastlichkeit mit der Metaphysik des Antlitzes in Einklang zu bringen, werden bei der Neudefinition der Subjektivität des Subjekts der Empfang, das Wohnen und das Haus erwähnt. In *Totalität und Unendlichkeit* wurden diese Motive, wie man sich erinnert, schon weiter oben behandelt[45] unter dem Titel *Die Bleibe*, ein »Zuhause« jenseits des »für sich«, der *»Zufluchtsstätte«*, und vor allem des Weiblichen: *»weibliche Andersheit«*, Empfang schlechthin, sanfte Beschaffenheit des weiblichen Antlitzes, die weibliche Sprache, die in der Zurückhaltung eines Schweigens verstummt, die nichts Natürliches oder Animalisches hat, usw.

Wenn die Kategorie des *Empfangs* überall eine allererste Offenheit bestimmt, so reduziert sich diese niemals auf eine unbestimmte Figur des Raums, auch nicht auf ein Offensein oder eine Offenheit für die Phänomenalität (etwa im heideggerschen Sinn von *Erschließung, Erschlossenheit* oder *Offenheit**). Der Empfang orientiert, er *wendet* den *Topos* einer Offenheit[46] hin zur Tür und der Schwelle zum Anderen, er bietet sie dem Anderen *als* Anderer an, da, wo das *Als solcher* des Anderen sich der Phänomenalität, mehr noch der Thematizität entzieht. Mit außergewöhnlicher Häufigkeit liefern die Lexik des Empfangs, der Name »Empfang« und das Verb »empfangen«, überall die Schlüssel zu diesem Buch, wenn man so sagen kann. Zum Beispiel in den »Schlußfolgerungen«: *»Im Empfang des Anderen empfange ich den Hoch-Erhabenen, dem sich meine Freiheit unterordnet ...«*[47]

* Anm. d. Übersetzers: alle drei Termini deutsch im Text.

Die Unterordnung der Freiheit bedeutet zwar eine Unterwerfung des *subjectum*, aber es ist ein Unterwerfen, das dem Subjekt sein Entstehen und insofern geordnete Freiheit schenkt, statt es ihrer zu berauben. Es handelt sich zweifelsohne um eine Subjektivierung, doch nicht im Sinne einer Verinnerlichung, eher eines Zusichkommens des Subjekts in einer Bewegung, in welcher es den Ganz-Anderen als Hoch-Erhabenen empfängt. Diese Unterordnung ordnet und führt zur Subjektivität des Subjekts. Der Empfang des Hoch-Erhabenen im Empfang des Anderen ist eben die Subjektivität. Der Abschnitt, mit dessen Lektüre wir begonnen hatten (*»Die Intentionalität ist Aufmerksamkeit auf das Wort oder Empfang des Antlitzes, Gastlichkeit, und nicht Thematisierung«*), zieht sich als Schlußfolgerung zusammen zu einer Art Theorem oder definitorischem Satz. Am Ende re-definiert er die Subjektivität als Gastlichkeit, als Trennung ohne Negation, also ohne Ausschluß, als aphoristische Energie der Entbindung in der ethischen Affirmation:

> So vollzieht es [das Selbstbewußtsein … in seinem Haus] die Trennung positiv, ohne sich auf eine Negation des Seins, von dem es sich trennt, zu reduzieren. Aber gerade so kann das Bewußtsein das Sein empfangen. Das Subjekt ist ein Gastgeber.[48]

Das Subjekt: ein Gastgeber. Eine ergreifende Gleichung, und kein Kunstgriff, glaube ich, könnte jene andere Formel erklingen, gleichklingen, sich einstellen lassen, die ein paar Jahre später in »Die Stellvertretung«, dann in *Jenseits des Seins oder andes als Sein geschieht* auftaucht. Dieser zweite Spruch, ebenso kurz, dicht und aphoristisch, sagt nicht, sagt nicht mehr: *»Das Subjekt ist ein Gastgeber«*, sondern: *»Das Subjekt ist Geisel«*[49] oder auch etwas weiter: *»Die Selbstheit … heißt: Geisel.«*

Läuft das auf dasselbe hinaus? Auf denselben Bezug zum Anderen? Besagen diese zwei Sätze dieselbe Subjektivität des Subjekts?

Ebensowenig wie das »Gastgeber«-Sein ist zweifelsohne auch dieses »Geisel«-Sein des Subjekts kein Attribut des Subjekts oder ein später Unfall, der ihm geschehen wäre. So wie das Gastgeber-Sein ist das Geisel-Sein die Subjektivität des Subjekts, insofern diese »Verantwortung für den Anderen« ist:

> Die Verantwortung für die Anderen, die kein Unfall ist, der einem *Subjekt* zustößt, sondern die in ihm dem Sein vorausgeht, hat nicht auf die Freiheit gewartet, in der ein Engagement für die Anderen hätte eingegangen werden können. Ich habe nichts getan und bin doch immer schon betroffen gewesen: verfolgt. Die Selbstheit in ihrer Passivität, ohne die *arché* der Identität, heißt: Geisel. Das Wort *ich* bedeutet: *hier, sieh mich*, verantwortlich für alles und für alle.[50]

Was also tut die Formel *»Das Subjekt ist Geisel«*? Sie markiert eine Skansion, eine nachdrückliche Zeichensetzung im Vorfeld einer Logik der *Sub*stitution. Die Geisel ist zuallererst jemand, dessen Einzigkeit die Möglichkeit einer *Sub*stituierung, einer Stellvertretung duldet. Sie läßt diese Stellvertretung über sich ergehen und wird so zum unterworfenen Subjekt, einem Subjekt, das in eben jenem Moment unterjocht wird, da es sich als jemand in der Verantwortung für die Anderen vorführt (»hier, sieh mich!«). Die Substitution, die Stellvertretung, löst so die »Subordination«, die Unterordnung, ab (Konstituierung der Subjektivität durch Unterwerfung, Abhängigkeit, Subjektivierung), wie wir sie in *Totalität und Unendlichkeit* angetroffen haben. Die Stellvertretung ist untrennbar verbunden mit einer neuen begrifflichen und lexikalischen Konstellation, mit neuen oder von einem neuen Stempel geprägten Wörtern (Verwundbarkeit, Traumatismus,

Psychose, Anklage, Verfolgung, Zwang usw.). Sie stößt zwar, wie mir scheint, in sehr stetiger Weise den Elan und die »Logik« von *Totalität und Unendlichkeit* weiter voran, doch nur um das Primat der Intentionalität noch mehr an den Rand zu drängen oder jedenfalls das, was dieses Primat noch an dasjenige eines »Willens« oder einer »Aktivität« binden könnte. Wie man sich vielleicht erinnert, läßt zwar die Selbstheit des Dritten wie auch das »es braucht« der Justiz noch immer das Entstehen der Frage in Erscheinung treten, das Wort »Frage« allerdings wird der Geiselsituation anheimgestellt: das Subjekt als Geisel, insofern es weniger »Frage« als »In-Frage-Sein« ist. Anklage, Verfolgung, Besessenheit, »Besessenheit der Verfolgung«, all das ist sein »In-Frage-Sein«. Nicht das Sein des Befragers oder des Befragten, sondern das In-Frage-Sein da, wo es sich sozusagen *in Frage gestellt findet*, wo es passiv *sich findet*, angefochten, zur Rechtfertigung aufgerufen, angeklagt, verfolgt, *in Frage*. Wir müssen also über diese andere Art zu wohnen, zu empfangen bzw. empfangen zu werden nachdenken, davon ausgehend, daß es sich im Grunde um dasselbe Geschick handelt. Der Gastgeber ist Geisel, insofern er ein in Frage gestelltes, besessenes (also belagertes), verfolgtes Subjekt ist, und zwar an der Stätte, wo er statthat, wo er, der Emigrant, Exilant, Fremde, Gast von jeher, zum Wohnort auserwählt wurde, noch bevor er seinen Wohnort auserwählt.

Die Subjektivität des Subjekts ist die Verantwortlichkeit oder das In-Frage-Sein als völliges der-Beleidigung-Ausgesetztsein – in der Wange, die hingehalten wird dem, der schlägt.[51] Verantwortlichkeit, die früher ist als der Dialog, als der Austausch von Fragen und Antworten [...] Die Rekurrenz der Verfolgung im *Sich* ist daher nicht reduzierbar auf die Intentionalität, in der sich, bis hinein in die Neutralität, die er als kontemplative Bewegung hat, der Wille behauptet; [...] Die Rekurrenz des Sich in der Verantwortung-für-die-anderen geht als Besessenheit der Verfolgung in die der Intentionalität entgegengesetzte Richtung, so daß die Verantwortung für die Anderen unter keinen Umständen bedeuten kann: Wille zum Altruismus [...] Erst in der Passivität der Besessenheit – oder als inkarnierte – individualisiert sich eine Identität zur Einzigkeit, ohne auf ein *System* von Verweisungen zu rekurrieren, ohne sich, will sie nicht versagen, der Vorladung durch den Anderen entziehen zu können [...] *unter* der Anklage aller stehend, reicht die Verantwortung für alle bis hin zur Stellvertretung. Das Subjekt ist Geisel.[52]

Wir gelangen hier in die dunklen Gegenden einer semantischen, wenn nicht etymologischen Vertraulichkeit zwischen *Gastgeber* und *Geisel*, zwischen dem Subjekt als Gastgeber und dem Subjekt (oder der Selbstheit) als Geisel. Ob man unter dem Wort Geisel (*ostage*) einen Gastgeber versteht, der als substitutives *Pfand* Orten der Macht oder der Willkür des Herrschers ausgeliefert ist oder von ihnen empfangen wird, ob man das *obsidium* oder den *obsidatus* (Geisel- oder Gefangenenbedingung) von einer gegebenen Belagerungssituation aus versteht, die Möglichkeit bleibt, entsprechend der beiden Reihen, wieder auf das Pfand der Stellvertretung zu stoßen (»Anklage aller«, »Verantwortung für alle«), auf den Weg nämlich, den Lévinas zwischen diesen zwei Figuren derselben Ethik bahnt: der Gastlichkeit ohne Besitz und der »Besessenheit der Verfolgung« seitens der Geisel. Was die Genealogie betrifft, die den Terminus Selbstheit, immer schon im Zentrum des Diskurses von Lévinas, an die Semantik der Gastlichkeit, des *hospes* als *hosti-pet-s*, also des Meisters des Gast(geber)s bindet da, wo die Bedeutungen des Sich, der Herrschaft, des Besitztums und der Macht sich in einem dichten Netz verwickeln in der Nachbarschaft von Hostilität und *hostis* – wir hatten es schon gesagt, diese Genealogie ist bezeugt.[53]

III

Auf dem Hintergrund solch großer Schwierigkeiten könnten sich heute wenigstens *drei Arten von Fragen* stellen. Wir werden lediglich versuchen, sie einzukreisen, um ihnen dann ganz ungleichmäßige Analysen zu widmen, ungleichmäßig untereinander und ungleichmäßig in Hinblick auf ihr Gewicht.

1. Da ist zunächst die Frage nach der Wegstrecke, einer Distanz von Jahren, zwischen jenen zwei kurzen und expliziten Definitionen des Subjekts in der Form *S ist P: »das Subjekt ist Gastgeber«* und *»das Subjekt ist Geisel«*. Zwei Prädikatsätze, deren Subjekt das Subjekt bleibt. Übersetzt diese Wegstrecke als logische und historische eine Äquivalenz? Oder verschiebt sie, wobei sie ihn noch einmal verwandelt, einen Subjektbegriff, der schon seit *Totalität und Unendlichkeit* die ontologische Tradition einer Ethik der Gastlichkeit, der phänomenologischen Analyse des Empfangs, der Höhe des Antlitzes unterordnete?

2. Was wird im Verlauf dieser Wegstrecke aus dem Empfang angesichts der Festlegung des Gastgeber-Subjekts auf ein Geisel-Sein mit all den Begriffen, die hier eine Kette bilden (Stellvertretung durch einen Unersetzbaren, der auf seine Verantwortlichkeit festgelegt wird, *»grenzenloser Akkusativ der Verfolgung«*, *»Sich, Geisel, schon zum Stellvertreter gemacht für die Anderen«*[54], *»Bedeutung des Pronomens* sich, *zu dem selbst unsere lateinischen Grammatiken keinen Nominativ ›kennen‹«*[55], Schuld noch vor der Anleihe und dem Engagement, Verantwortung ohne Freiheit, Trauma, Besessenheit, Verfolgung, Irreduzibilität auf ein Opfer usw., anders gesagt, das Gesetz des Akkusativs im Empfang)?

Läßt ein solcher »Umschlag« – so lautet das Wort bei Lévinas, es beschreibt die Bewegung der Ethik, die ethische Beziehung – nicht die Instanz eines Quasimoments aufscheinen, welcher der Instanz des Empfangs vorausgehen würde? jene nämlich, die bisher als ursprünglich oder gar vorursprünglich erscheinen konnte? Welches Verhältnis müßte man dann zwischen dieser Hypothese eines »Umschlags« und den Begriffen der Erwählung und des Politischen annehmen, so wie sie in derselben Zeitspanne, in denselben Jahren ins Werk gesetzt wurden?

Ich könnte diese zweite Frage hier nicht weiter entwickeln, werde sie aber untermauern als die Frage gebliebene Frage von zwei Bezugnahmen auf »Die Stellvertretung« in *Jenseits des Seins …*

A. Die erste verweist auf eine Erwählung, die auf so merkwürdige wie bezeichnende Weise und absolut einmalig einem Empfang *vorausginge*, den das Subjekt wem auch immer gewähren könnte, insbesondere dem Guten bzw. der Güte. Die Zuweisungswahl fällt auf mich; sie geht mir voraus und unterwirft sich meine Fähigkeit zum Empfang. Das widerspricht zwar in keiner Weise dem, was wir aus *Totalität und Unendlichkeit* herausgelesen hatten, wo der Empfang jenseits seiner selbst empfängt und in Wirklichkeit immer mehr empfangen muß, als er kann. Hier aber, mit der Zuweisung einer Verantwortlichkeit, erscheint die Erwählung einer Geisel nicht nur »ursprünglicher« (in Wahrheit, wie immer, ursprünglicher als der Ursprung), sondern gewalttätig, geradezu traumatisierend, mehr noch als es die mitunter beruhigende Lexik des Empfangs und der Gastlichkeit des Gastgebers vielleicht spürbar machen konnte. So verweist Lévinas, aber das ist nur *ein* Beispiel, auf

> die *Differenz* in der Nicht-Indifferenz des *Guten*, das mich *erwählt, bevor ich es aufnehme* [diese Hervorhebung von mir]; es wahrt seine *Illeität*

so weit, daß sie von der Untersuchung ausgeschlossen bleibt, mit Ausnahme der Spur, die sie in den Worten oder dem »Bedeutungsgehalt« in den Vorstellungen hinterläßt, wie in unwiderlegbarer Weise Descartes' *Dritte Meditation* bezeugt. In der Verantwortung für den Anderen ist das Ich – schon Sich, schon besessen vom Nächsten – einzig und unersetzbar, genau darin bestätigt sich seine Erwählung.[56]

Wieder einmal verweist die »Illeität«, das Auftauchen der Frage, des Dritten und der Gerechtigkeit, *zum einen* auf die Unterbrechung des Von-Angesicht-zu-Angesicht, *zum anderen* auf die bloße Transzendenz des Antlitzes im Von-Angesicht-zu-Angesicht, Bedingung des *Sie*, Bruch des *Ich-du* (einer gewissen Weiblichkeit also, einer gewissen Erfahrung der »weiblichen Andersheit«) in der Nähe des Nächsten. Doch dieses *»zum einen, zum anderen«* bedeutet weder eine Alternative noch eine Reihung: beide Bewegungen stehen in Konkurrenz zueinander schon vor diesem »zum einen, zum anderen«. Sie warten nicht, sie erwarten sich nicht. Schon in *Totalität und Unendlichkeit,* und darauf muß mit Nachdruck hingewiesen werden, erkannte Lévinas jene »Anwesenheit des Dritten« und die Frage der Gerechtigkeit sozusagen *vom ersten Augenblick* des Antlitzes an, wie auf der Schwelle des Von-Angesicht-zu-Angesicht: *»In den Augen des Anderen sieht mich der Dritte an – die Sprache der Gerechtigkeit. Nicht, als ob zuerst das Antlitz da wäre und sich anschließend das Seiende, das sich in ihm manifestiert oder ausdrückt, um Gerechtigkeit kümmerte. […] Das prophetische Wort antwortet wesentlich auf die Epiphanie des Antlitzes; […] Epiphanie des Antlitzes, sofern das Antlitz in den Augen, die mich ansehen, die Gegenwart … des Dritten bezeugt.«*[57]

Mit dem unmöglichen Möglichen, zu dem wir uns hinkatapultiert finden (Aporie oder Abgrund), könnte jene Konkurrenz ohne Alternative alle Fragen, die uns hier bestürmen, überdeterminieren. Konkurrenz eines *»Er im Grunde des Du«*, mit dieser Formulierung bringt Lévinas *drei Instanzen* in Übereinstimmung, die wir immer zusammen lesen – oder auflesen sollten so wie der Selbe, ja, wie der ganz Andere als der Selbe, derselbe Er, der getrennte: die *Illeität des Er* (»Ein Er im Grunde des Du«), als dritte Person, als *Heiligkeit* und als *Trennung*:

> Als Unantastbarer trennt sich der Begehrenswerte von der Beziehung zum Begehren, und aufgrund dieser Trennung oder Heiligkeit bleibt er dritte Person: ein Er im Grunde des Du.[58]

Die Glieder dieser Kette tragen die ganze Wucht ihrer Konsequenz zu dieser Bruch- bzw. Übersetzungsstelle hin: »Ethik«, das Wort »Ethik« ist bloß ein annäherndes Äquivalent, ein griechischer Notbehelf für den hebräischen Diskurs über die Heiligkeit des Getrennten (*kadosch*). Sie darf auf keinen Fall verwechselt werden mit der Sakralität. Doch in welcher Sprache ist das noch möglich? Der Empfang des Getrennten, die Bewegung eines, der sich empfangend trennt, wenn es darum geht, die unendliche Transzendenz einer getrennten Heiligkeit zu begrüßen, *Ja* zu sagen im Augenblick der Trennung oder gar eines Aufbruchs, der nicht das Gegenteil von Ankunft ist, – wäre das nicht jene Ehrerbietung, die den Atem eines *à-Dieu* beseelt?

B. Die zweite wörtliche Bezugnahme verweist uns auf das, was ein solcher »Umschlag« noch bedeuten kann: ein Übermaß an Ethischem gegenüber dem Politischen, »das Ethische … *jenseits* des Politischen«. Was bedeutet dann »jenseits« in einem anderen Abschnitt von »Die Stellvertretung«, in dem das wieder aufgegriffen wird, was wir weiter oben über jenes »Paradox« angemerkt hatten, nämlich eine Unterbrechung des *Sich* in der Phänomenologie – und zwar *durch* die Phänomenologie *selber*, die sich so gleichzeitig überlistet und unterbricht in einem Augenblick, wo sie in sich aus sich herausgeht? Das Ethische jenseits des Politischen, das genau wäre der paradoxe Umschlag, in den sich die Phänomenologie »unversehens verstrickt« fände:

Die Phänomenologie kann in der Beschreibung der Annäherung den Umschlag von der Thematisierung in die Anarchie verfolgen [es handelt sich um die Annäherung als Erfahrung des Empfangs des Anderen bzw. des Antlitzes als Nächsten]: Der ethischen Sprache gelingt es, das Paradox auszudrücken, in das sich die Phänomenologie unversehens verstrickt findet, denn *das Ethische ist jenseits des Politischen* diesem Umschlag gewachsen. Ausgehend von der Annäherung findet die Beschreibung im Nächsten den, der die Spur eines Rückzugs trägt, durch den ihm aufgetragen ist, Antlitz zu sein.[59]

»*... Spur eines Rückzugs ..., durch den ihm aufgetragen ist, Antlitz zu sein ...*«: ein solcher Rückzug spaltet selbst die Zeit. Würde er sich nur *in* der Zeit ereignen, in der Zeit laufender Repräsentation, würde der Rückzug lediglich die Gegenwart des Gegenwärtigen, das Jetzt-Gegenwärtige, das Vergangen-Gegenwärtige bzw. die Gegenwartszukunft verändern. Hier aber zerrüttet dieser Rückzug, diese Spur des Antlitzes, die Ordnung der zeitlichen Gegenwart und Repräsentation. Würde man diese Spur des Antlitzes in das Vokabular der Gastlichkeit übersetzen, müßte man sie *Heimsuchung* nennen (*»Das Antlitz ist durch sich selbst Heimsuchung und Transzendenz«*[60]). Die Spur einer solchen Heimsuchung trennt und *stört*, so wie das zweifellos geschehen kann bei einem unerwarteten, unverhofften, gefürchteten, jenseits von Erwartung erwarteten Besuch, etwa dem messianischen Erscheinen, zuallererst aber weil die Vergangenheit, die »Fährte« des Gastes, jede anamnesische Repräsentation übersteigt; sie könnte nie dem Gedächtnis eines Vergangenheitspräsens angehören:

Das Antlitz aber leuchtet auf in der Spur des Anderen. Was darin anwesend ist, das ist im Begriff, sich von meinem Leben abzulösen, und

> es sucht mich heim als etwas, das schon ab-solut ist. Jemand ist schon vorbeigegangen. Seine Spur *bedeutet* nicht sein Vorübergegangensein, wie sie auch nicht seine Arbeit oder sein Genießen in der Welt *bedeutet*, sie ist vielmehr die Störung selbst, die sich mit unabweisbarem Nachdruck [gravité] eindrückt (man ist versucht zu sagen: *eingraviert*).
>
> [...] Der Gott, der vorbeigegangen ist, ist nicht das Modell, dessen Abbild das Antlitz wäre. ›Nach Gottes Ebenbild sein‹ bedeutet nicht, daß man die Ikone Gottes ist, sondern es bedeutet, daß man sich in seiner Spur befindet. Der geoffenbarte Gott unserer jüdisch-christlichen Spiritualität bewahrt die ganze Unendlichkeit seiner Abwesenheit, die in der personalen »An-ordnung« selbst liegt. Er zeigt sich nur durch seine Spur, wie im Kapitel 33 des Buches *Exodus*.[61]

Offenbarung also als *Heimsuchung*, von einem Ort aus, der unserer *»jüdisch-christlichen Spiritualität« gemeinsam* wäre. Sollten wir diesen Ort Sinai nennen, wie es die Bezugnahme auf Kapitel 33 des Buches Exodus nahelegt? Geht es wirklich darum, mit diesen Worten *Besuch* und *Heimsuchung* die Spur des Anderen in das Vokabular der Gastlichkeit zu übersetzen, wie wir es scheinbar für möglich gehalten haben? Oder müßte man nicht ganz im Gegenteil das Phänomen und die Möglichkeit der Gastlichkeit hin zu dieser Fährte der Heimsuchung zurückgeleiten und sie dort erst einmal rück-übersetzen? *Folgt* denn die Gastlichkeit nicht, und sei es für den Bruchteil einer Sekunde, dem unvorhersehbaren und unaufhaltsamen Ereignis einer Heimsuchung? Und fände diese gegenläufige Übersetzung ihre Grenze, die Einführungsgrenze selbst, nicht da, wohin man sich zu begeben hat, an jenen Ort nämlich, wo, wenn erst die Heimsuchung vorübergegangen ist, die Spur des Anderen vorübergeht, die Schwelle schon überschritten hat und weder Einladung noch Gastlichkeit, noch Empfang erwartet? Ein solcher Besuch ist nicht die Antwort auf einen Einladungswink, sie übersteigt jede Dialogbeziehung zwischen Gastgeber und Gast. Er *muß* seit jeher über sie hinausgegangen sein. Sein traumatisierendes Hereinbrechen muß dem vorausgegangen sein, was man unbesorgt als Gastlichkeit bezeichnet – und selbst den Gesetzen der Gastlichkeit, wie störend und umkehrbar diese auch immer schon erscheinen mögen.

3. Und dann schließlich, ausgelöst durch den Schwung dieser letzten Bezugnahme, noch eine weitere Frage, die nach der rätselhaften Beziehung, welche in Lévinas' Denken das Ethische und das Politische der Gastlichkeit – oder der Geisel – überspannt. Und das ausgerechnet an jenem Ort, wo das, was den Sinai oder den Namen des Sinai oder den Namen »Sinai« bestimmt, mehreren auseinanderfallenden Zeiten angehört, mehreren Instanzen, die wir vielleicht *zusammen*denken sollten, ohne sie zu synchronisieren oder gar irgendeiner großen Chronologie zuzuordnen.

In einer Zeit, bei der es schon schwierig ist, sie für *eine* zu halten und sie der Homogenität einer Erzählung ohne inneren Bruch unterzuordnen, muß der Name (des) *Sinai* sowohl den Ort der übergebenen Tora bedeuten als auch das geweihte messianische Öl und die von Gottes Hand geschriebenen Zeugnistafeln, dann auch die von Gott geschenkten Tafeln, nachdem er sich auf das Übel besonnen hatte, mit dem er das hartnäckige Volk bedroht hatte (erster Bruch oder erste Unterbrechung), und auch die zerbrochenen Tafeln (neuerliche Unterbrechung) und auch die neugemeißelten Tafeln, nachdem Gott in gewisser Hinsicht noch einmal jede Theophanie unterbrochen hatte, indem er auf dem Wege seines Ruhms die Ansicht seines Angesichts als Gegenüber untersagte, und auch den Ort des erneuerten Bundes und die Verhüllung und Enthüllung von Moses' Antlitz. So viele Unterbrechungen des *Sich* wie Diskontinuitäten in der Geschichte, wie Brüche im gewöhnlichen Lauf der Zeit – Zäsuren immerhin als Historizität der Historie selbst.

Doch heute ist Sinai auch und in Hinblick auf die einzigartige Geschichte Israels immer noch ein Name der Moderne. Sinai, der Sinai: Metonymie für die Grenze zwischen Israel und den anderen Nationen, Frontlinie und Grenzlinie zwischen Krieg und Frieden, die Herausforderung, einen Übergang zu denken zwischen Ethischem, Messianischem, Eschatologischem *und* Politischem zu einem Zeitpunkt der Geschichte der Menschheit und des Nationalstaates, da die Verfolgung all solcher Geiseln wie Ausländer, Gastarbeiter – mit Papieren oder ohne –, Exilanten, Flüchtlinge, Heimatlose, Staatenlose, Vertriebene bzw. vertriebene Völker (alles Begriffe, die sorgsam zu unterscheiden sind) auf allen Kontinenten mit einer nie gekannten Grausamkeit verbunden zu sein scheint. Lévinas hatte sein Augenmerk stets auf diese Gewalt und auf diese Notlagen gelenkt, egal, ob er sie in diesem oder jenem Ton direkt ansprach oder indirekt.

Gestatten Sie mir jetzt, einem Abschnitt den Vorzug zu geben, in dem gleichzeitig von *Sinai* und der Gastlichkeit die Rede ist. Er ist Teil der Talmudlektüren, die den Titel *A l'heure des nations* [Stunde der Nationen] (1988) tragen. In dem Kapitel »Israel unter den Nationen« lautet ein Unterkapitel spezifizierend »Die Nationen und die messianische Zeit«. Nachdem er die Kommentierung eines im Traktat Pessachim 118b zitierten Psalms begonnen hat, nachdem er sich ihm mit Strenge und Phantasie und mit jener ihm eigenen schwierigen Freiheit angenähert hat, wirft Lévinas eine Frage auf. Scheinbar läßt er sie offen und unabgeschlossen, diese Frage, so als gäbe er vor, sie in eben dem Augenblick in der Schwebe zu belassen, da er sie von vielen Fäden gehalten weiß, kaum sichtbaren und dennoch soliden Fäden, entlang einer diskreten und dennoch allen Herausforderungen standhaltenden Argumentationskette. Die fragliche Frage umfaßt kaum einen Satz, es ist ein Satz ohne Verb, gerade ein paar Wörter, gefolgt von einem Fragezeichen.

Diese neugierige und wißbegierige Unruhe, neugierig auf Befragungen, neugierig im Sinne einer Spekulation, neugierig darauf, etwas entstehen zu sehen, eine so schüchterne wie provokante, insgeheim vielleicht schelmische und gerade in der Diskretion ihrer Ellipse auftrumpfende Hypothese – diese Unruhe möchte ich nicht überinterpretieren. Sie steht und fällt mit ein paar Worten:

Eine Anerkennung der Tora, die Sinai vorausgeht?

Wagen wir eine erste Übersetzung: gäbe es eine Anerkennung des Gesetzes noch *vor* dem Ereignis, also *außerhalb* des lokalisierbaren Ereignisses, vor dem einmaligen, datierbaren, festlegbaren Geschehnis der Übergabe der Tora an ein Volk? Gäbe es eine solche *Anerkennung*? Wäre sie möglich und denkbar gewesen? Noch vor jeder Offenbarung? Anerkennung der Tora durch Völker oder Nationen, für welche der Name, der Ort, das Ereignis *Sinai* nichts bedeuten? oder nichts von dem, was sie für Israel bzw. für das, was die Sprache Israels benennt, bedeuten? Durch Dritte alles in allem? Durch Dritte gemäß dem Spiel einer Stellvertretung, bei dem das Einzige durch ein Einziges ersetzt wird?

Die Verwicklung dieser verwickelten Frage, die, das sei noch einmal betont, ich nicht mißbrauchen möchte, hängt mit einer Kraftprobe der Gastlichkeit zusammen. Mit Gastlichkeit jenseits aller Offenbarung. Für Lévinas geht es nicht darum, die Erwählung Israels in Frage zu stellen, dessen Einzigkeit und vor allem universelle Vorbildlichkeit; ganz im Gegenteil geht es ihm darum, eine universelle Botschaft anzuerkennen, für die Israel die Verantwortung trägt noch vor dem Ort und dem Ereignis der Gesetzesschenkung; sie lautet: menschliche

Universalität und eine aus der Einzigartigkeit des Ereignisses entwurzelte humanitäre Gastlichkeit, die so zu einer empirischen würde oder allenfalls zu einer allegorischen, vielleicht auch nur zu einer »politischen« in einem engeren Wortsinn, den wir noch zu erklären hätten.

Aber die Lehre, die aus dieser Frage bzw. dieser deutenden Spekulation zu ziehen wäre, die Lehre dieser Lehre wäre auch eine Lehre, die eben Israel zu ziehen hätte für seine Ethik, ich wage gar nicht zu sagen, für seine messianische Gastlichkeitspolitik. Natürlich benennt in diesem Abschnitt Israel nicht in erster Linie den modernen Staat, denjenigen, der den Namen Israel trägt, ihn sich gegeben oder ihn übernommen hat.

Da aber in diesem Text der Name Israel auch nichts anderes benennt, bleibt der historische und politische Raum dieser zugewiesenen Namen offen.

Um genauer zu sein, wollen wir wenigstens einen Teil des Kontextes wiederherstellen, was selbstverständlich eine geduldigere Lektüre notwendig macht. Im zitierten Psalm werden unzweifelhaft Gastlichkeitsriten und theatralische Rituale beschrieben:

Und noch etwas [sagte er]: Dereinst wird Mizrajim [Ägypten] dem Messias ein Geschenk darbringen, er aber wird die Annahme verweigern wollen. Alsdann wird der Heilige, gepriesen sei er, zum Messias sprechen: Nimm es von ihnen an, denn sie haben meinen Kindern in Mizrajim *Gastfreundschaft gewährt* [natürlich hebe *ich* hier hervor]. Alsbald: *Es kommen Vornehme aus Mizrajim* [Ps. 68,32].[62]

Diese letzten Worte (*»Es kommen Vornehme aus Mizrajim«*) lassen unwillkürlich an die Art denken, in der Lévinas ein paar Jahre früher das begrüßte, was er *»die Größe und Bedeutung Sadats«* nannte, *»das außergewöhnliche Ereignis«* seiner Reise nach Jerusalem, *»transhistorisches«* Ereignis, fügte er noch hinzu, eine

Reise, *»die man nicht zweimal macht und deren Zeitgenosse man nicht zweimal in seinem Leben ist«*.[63]

Nach der Zitierung dieses Fragments konzentriert Lévinas seine Interpretation auf die Äquivalenz von *drei Begriffen – Brüderlichkeit, Menschlichkeit, Gastlichkeit* –, die eine Erfahrung der Tora und der messianischen Zeiten noch *vor* dem Sinai oder außerhalb seiner determinieren – auch für denjenigen, der keinen Anspruch »auf den Titel des Trägers oder des Boten der Tora« erhebt.

Was sich hier ankündigt, ist vielleicht ein Messiastum, das man als strukturell oder *a priori* auffassen könnte. Kein unhistorisches Messiastum, sondern eines, das einer Historizität ohne besondere, empirisch belegbare Fleischwerdung eignet. Ohne Offenbarung bzw. ohne Datierung einer gegebenen Offenbarung. Die Hypothese, die ich hier also wage, ist selbstverständlich nicht die von Lévinas, jedenfalls nicht in dieser Form, sie versucht aber, sich in seine Richtung zu begeben – vielleicht auch, um ihn zu kreuzen. »Mitten in einem Chiasmus«, wie er einmal gesagt hat.

Diese drei Begriffe wären demnach:

1. der der *Brüderlichkeit* (er beherrscht die nachfolgende Talmudlektüre und in Wahrheit explizit das gesamte Werk von Lévinas; ich habe an anderer Stelle versucht[64], mein Unbehagen hinsichtlich des Vorherrschens einer bestimmten Gestalt von Brüderlichkeit mitzuteilen, und zwar in einem bestimmten Verhältnis zur Weiblichkeit; ich werde mich deshalb hier nicht weiter damit aufhalten, es ist nicht mein Thema);

2. der der *Menschlichkeit,* verstanden als *Brüderlichkeit* (Brüderlichkeit des Nächsten als grundlegende und allgegenwärtige Voraussetzung, ein Motiv, dessen griechischer und biblischer Ursprung unauslöschbar erscheint, ebenso eine Äquivalenz, die sich u. a. auch bei Kant wiederfindet, dort

allerdings vor einem mehr christlichen als jüdischen Hintergrund);

3. der der *Gastlichkeit*, einer Gastlichkeit, der ein weitaus radikalerer Wert zukommt als beim Kant des *Zum ewigen Frieden* und des kosmopolitischen Rechts auf universelle Gastlichkeit – kosmo*politisch*, das heißt, nur politisch und juristisch, staatlich und weltlich (immer von der Bürgerschaft geregelt).

Doch dieser dritte Begriff, *Gastlichkeit, Asyl, Herberge* (drei Wörter, die auf derselben Seite erscheinen, um die Unterkunft in einer öffentlichen Bleibe zu benennen), das was Lévinas auch als ein »dem Fremden offenstehender Ort« bezeichnet, ist überdies das Figurenschema, das diese drei Begriffe *Brüderlichkeit, Menschlichkeit, Gastlichkeit* zusammenführt und in sich aufnimmt: Empfang des Anderen bzw. des Antlitzes als Nächsten und als Fremden, als Nächsten *insofern* er Fremder ist, Mensch und Bruder. Der Kommentar, der auf die Zitierung des Traktats folgt, schweißt die Kette dieser drei Begriffe nach einem Schema transnationaler bzw. universeller Gastlichkeit (wir sagen nicht *kosmopolitisch*) zusammen:

Zweite Lehre des Rabbi Jose, die er seinem Sohn Jischmael überlieferte, die dieser Rabbi mitteilte und die von Rab Kahana verkündet wird: den Nationen liegt daran, am messianischen Zeitalter teilzunehmen! [Ausrufungszeichen bei Lévinas: man müßte den Ausrufungszeichen bei Lévinas eine Untersuchung widmen, ihrem Sinn, ihrer Grammatik, Rhetorik, Ethik, der Pragmatik dieser Interpunktion und ihrer Kunst inmitten eines philosophischen Textes. Wie auch dem Wort »Wunder«, das dem Ausrufungszeichen häufig vorausgeht.] Anerkennung des höchsten Wertes der menschlichen Botschaft, die das Judentum bringt, Anerkennung, die die Verse des Psalm 117 bestätigen oder zu der sie einladen. Ist die Geschichte der Nationen nicht schon in gewisser Hinsicht diese Verherrlichung des Ewigen in

Israel gewesen, eine Teilnahme an der Geschichte Israels, die sich an der Öffnung ihrer nationalen Solidarität auf den anderen Menschen, den Fremden hin, mißt? Eine Anerkennung der Tora, die Sinai vorausliegt? Die gesamte Betrachtung dieses Problems bezieht sich, ohne ihn zu zitieren, auf den Vers Deuteronomium 23,8: »Du sollst den Edomi [Edomiter] nicht verabscheuen, denn er ist dein Bruder; du sollst den Mizri [Ägypter] nicht verabscheuen, denn ein Fremdling warst du in seinem Lande.« Brüderlichkeit – aber was bedeutet sie? Ist sie, der Bibel zufolge, nicht synonym mit Menschlichkeit und Gastfreundschaft? Sind diese nicht stärker als die »Abscheu«, die ein Mensch für einen anderen empfindet, den er in seiner Andersheit verneint; rufen sie nicht schon eine Erinnerung an das »Wort Gottes« wach?[65]

Worauf eindeutig hingewiesen wird mit diesen letzten Worten, *»schon eine Erinnerung an das ›Wort Gottes‹«*, ist eine Erinnerung noch vor dem Andenken, Andenken an ein Wort, das stattgefunden hat, noch bevor es stattfindet, an ein vergangenes Ereignis, das älter als die Vergangenheit ist, älter als alles geordnete Andenken an die empirische Verkettung von Gegenwarten, älter als der Sinai, es sei denn, daß allein mit dem Namen *Sinai* diese allegorische Anachronie ihm durch seinen Namenskörper hindurch einen Fremdkörper, wenn nicht den Körper eines Fremden bedeutet. Dieser würde dann die Erfahrung *des* Fremden bezeichnen da, wo die Wahrheit des messianischen Universums zweifellos über den festgelegten Ort *und* den festgelegten Zeitpunkt hinausragt, aber auch über die Identität, insbesondere über die nationale Identität des Trägers oder Boten der Tora, der offenbarten Tora.

Das jedenfalls legt der weitere Kommentar nahe:

Der Talmud wird nicht die Aufzählung aller Nationen – nicht einmal all derer, die in der Schrift erscheinen – benötigen, um über ihre mögliche Beteiligung an der messianischen Welt zu entscheiden. Die drei erwähnten Nationen oder Staaten oder Gesellschaften: Ägypten, Kusch und Rom, stehen für eine Typologie des nationalen Lebens, in der durch die Existenzformen hindurch, die reine Geschichte sind, das Unmenschliche und das Menschliche erscheint.[66]

Um diese schreckliche Alternative zwischen unmenschlich oder menschlich zu verdeutlichen, eine Alternative, die an sich schon Antlitz und Frieden, also Gastlichkeit voraussetzt, kritisiert Lévinas den Anspruch, historischer Bote oder privilegierter, gar alleiniger Interpret der Tora zu sein:

Allergie gegen die Wahrheit oder Befähigung zu ihr, ohne auf den Titel des Trägers oder des Boten der Tora Anspruch zu erheben.

Das »ohne« in diesem Satz (*»ohne auf den Titel des Trägers oder des Boten der Tora Anspruch zu erheben«*) enthält eine große *analytische* Kraft. Die Analyse scheint nämlich sehr wohl das Gesetz vom Ereignis seiner Botschaft abzulösen bzw. loszureißen, vom Hier-und-Jetzt seiner *Sinai* genannten Offenbarung; und die Ablösung dieses »ohne« scheint sehr wohl zu der vorhin erwähnten Erfahrung zu gehören, derjenigen einer Tora *noch vor* Sinai, einer *»Anerkennung der Tora, die Sinai vorausgeht«* und überhaupt einer Anerkennung ohne Erwählung (das Motiv der Erwählung kommt überall bei Lévinas vor, wo es um die ethische Verantwortung geht), zumindest einer Erwählung, deren Festsetzung sich nicht auf diesen Ort oder jenen Zeitpunkt beschränken läßt, vielleich auch nicht, aber *per definitionem* kann man sich dessen überhaupt nie sicher sein, auf dieses Volk oder jene Nation. Vergessen wir nie: die Auserwählung ist nicht zu trennen von dem, was sie beständig in Frage stellt: der Stellvertretung.

Unabweisliche Notwendigkeit, unwiderstehliche Kraft, verletzbar immerhin als Kraft einer gewissen Schwäche: jene

Vorstellung von einer Stellvertretung treibt uns einer kaum denkbaren, fast unsagbaren Logik entgegen, der eines Möglich-Unmöglichen, der Wiederholbarkeit und Ersetzbarkeit des Einzigen in der Erfahrung der Einzigkeit als solcher.[67]

IV

Mit diskreten, aber durchschaubaren Anspielungen hat Lévinas unser Augenmerk auf etwas gelenkt, was sich heute sowohl in Israel als auch in Europa und Frankreich abspielt, in Afrika so gut wie in Amerika und Asien, spätestens seit dem Ersten Weltkrieg, seit dem, was Hannah Arendt als *Der Untergang des Nationalstaats* bezeichnet hat: überall da, wo Flüchtlinge aller Art, Einwanderer mit oder ohne Staatsbürgerschaft, Exilanten oder Vertriebene, mit Papieren oder ohne, von der Mitte Nazi-Europas bis nach Ex-Jugoslawien, vom Mittleren Osten bis nach Ruanda, von Zaire bis Kalifornien, aus der Kirche Saint-Bernard im XIII. Pariser Arrondissement – überall da, wo Kambodschaner, Armenier, Palästiner, Algerier und viele, so viele andere den Ruf nach einer Veränderung des gesellschafts- und geopolitischen Raums laut werden lassen – nach einer rechtspolitischen Veränderung, doch in allererster Linie, sofern diese Scheide noch von Bedeutung ist, nach einem ethischen Schwenk.

Emmanuel Lévinas spricht davon, er hat schon seit langem von dieser Not und diesem Rufen gesprochen. Das Wunder der Spur, die uns heute erlaubt, ihn zu lesen und seine uns mitteilende Stimme zu vernehmen, vollzieht sich noch immer. Es ist schlimmer geworden, könnte man sagen, durch die Verbrechen gegen die Gastlichkeit, welche heutzutage von den Eingekerkerten oder den von einem Konzentrationslager ins nächste Auffanglager, von Grenze zu Grenze Abgeschobenen, hier bei uns oder fern von uns, erlitten werden. (Jawohl, Verbrechen *gegen* die Gastlichkeit, zu unterscheiden vom »Gastlichkeitsdelikt«, das heute unter diesem Namen von der französischen Rechtsprechung wieder Aktualität geworden ist ganz im Geiste der Dekrete und Verordnungen aus der Zeit zwischen 1938 und 1945, um mit Inhaftierung den zu bestrafen, der einen Ausländer ohne Aufenthaltsgenehmigung bei sich aufnimmt.)

So spricht Lévinas über die Gabe der Beherbergung, der Beheimatung, des Asyls: »Aber Gott verpflichtet ihn, die Gabe anzunehmen, indem er das Asyl in Erinnerung ruft, das das Land Ägypten Israel gewährte. Ein Asyl, das zur Stätte der Versklavung werden wird, das aber vor allem ein Ort ist, der dem Fremden gewährt wird. Schon ein Loblied an den Gott Israels.«[68] Die angebotene Gastlichkeit würde so aus sich heraus schon die Zugehörigkeit zur messianischen Ordnung bedeuten.

Und so wie Lévinas ein Andenken an das Undenkliche in Erinnerung gerufen hat, kritisiert er beiläufig auch ein gewisses Vergessen des Gesetzes. Es geht immer noch um den Augenblick des Empfangs – *Empfang* ist das Wort für Gottes Entscheidung:

> Entscheidung des Herrn, der die Ehrerbietung Ägyptens annimmt [der Herr ist der Gastgeber, der seinen Gast empfängt, welcher seinerseits in einer klassischen Szene der Gastlichkeit seine Ehrerbietung darbringt]. Die Bibel läßt sie in Deuteronomium 23,8 vorhersehen, in dem Vers, den der Messias trotz seiner Gerechtigkeit vergessen haben mußte. Man gehört der messianischen Ordnung an, wenn man den anderen unter den Seinen aufnehmen konnte. Daß ein Volk diejenigen anerkennt, die sich bei ihm niederlassen, so fremd sie auch seien, mit ihren Sitten und Trachten, mit ihrer Mundart und ihren Gerüchen; daß es ihnen eine *Achsania**, gleichsam einen Platz in der Herberge und etwas zu atmen und zu leben gibt – ist ein Lied zum Preis des Gottes Israels.[69]

Daß ein Volk als Volk *»diejenigen anerkennt, die sich bei ihm niederlassen«*, darin liegt der Nachweis eines volksmäßigen und

* Anm. des Übersetzers: hebräisch: »Herberge«, »Gaststätte«.

öffentlichen Engagements, eine politische *res publica*, die sich nicht auf *»Duldung«* beschränkt, es sei denn daß diese Duldung von sich aus die Bekräftigung einer maßlosen »Liebe« erfordert. Lévinas präzisiert sogleich, daß jene Pflicht zur Gastlichkeit nicht nur einem *»jüdischen Denken«* der Beziehungen Israels mit den Nationen wesentlich ist. Es macht den Weg frei zur Menschlichkeit des Menschen im allgemeinen. Welch furchterregende Logik der Auserwählung und Mustergültigkeit zwischen Zuweisung einer einzigartigen Verantwortung und menschlicher Universalität, heute müßte man von *humanitärer* Universalität sprechen immer da, wo sie unter all den Schwierigkeiten und Zweideutigkeiten immerhin versuchen würde, sich als regierungsunabhängige Organisation über die Nationalstaaten und deren Politik zu stellen.

Die folgenden Zeilen desselben Abschnitts könnten durch alle Beispiele dieser Erde illustriert werden, wenn dieses Wort nicht unziemlich wäre. Denn die Frage der Grenzen, um bei den Beispielen zu bleiben, ist zweifellos eine, die sich Israel stellt, aber sie geht über den Grenzverlauf dessen hinaus, was man oder was sich Israel nennt im biblischen wie im Sinne des modernen Staates:

> Dem anderen Menschen bei sich Schutz zu geben, die Anwesenheit der Land- und Obdachlosen auf einem so eifersüchtig – so böse – geliebten »Boden der Vorfahren« zu dulden – ist dies das Kriterium für das Menschliche? Unbestritten.[70]

Dieser Text stammt aus den achtziger Jahren. Man müßte seine Lektüre mit vielen anderen begleiten, die sich ebenfalls vordringlich der Frage des Staates und der Nation annehmen, angefangen bei dem, den wir vorhin erwähnt hatten und in dem die *»Größe und [transhistorische] Bedeutung«* Sadats gefeiert wird. Auch müßte man auf die entfernten Prämissen dieses Diskurses in *Totalität und Unendlichkeit* und *Jenseits des*

Seins ... zurückkommen. An dieses Zeichen sei immerhin in wenigen Worten erinnert: in den 1982 am Ende von *Jenseits des Buchstabens* gruppierten »Talmudlektüren« (unter dem Titel im Plural »Zionismen« und »Der Staat Cäsars und der Staat Davids«, 1971, dann »Politik danach!«, 1979) vermehren sich die Sätze von absichtlich widersprüchlicher, aporetischer, ja, dialektischer Form im Sinne einer transzendentalen Dialektik, ich spreche hier wohlweislich von Form: Sätze, die gleichzeitig innerpolitisch und transpolitisch sind, *für und gegen* das *»Staatsprinzip«*, gegen das, was schon in *Totalität und Unendlichkeit »Tyrannei des Staates«* hieß (entsprechend einer antihegelianischen Bewegung jedenfalls im Stil Rosenzweigs), gegen den Staat Cäsars, der *»trotz seiner Beteiligung am reinen Wesen des Staates auch ein Ort der Korruption par excellence und vielleicht letzte Zuflucht der Idolatrie ist«*[71]; gegen den Staat, doch immerhin mit der Möglichkeit einer Öffnung dessen, was Lévinas das *»Jenseits des Staates«* oder *»Überholung des Staates«* nennt, hin zu einer *»Vollendung des Staates Davids«* zu einem messianischen Staat, eine Überholung des Staates hin zu einer *»zukünftigen Welt«*.[72] *Überholung* eines Staates (dem Cäsars), *Vollendung* eines anderen (Davids), die beide utopisch oder verfrüht erscheinen mögen, Lévinas erkennt das an, die aber die Öffnung des Politischen auf dessen Zukunft hin zeigen, wenn es überhaupt eine hat. (Würde man zur Regel machen, vom »Politischen« zu reden, sobald das Wort Staat erscheint, die mehr oder weniger genaue Übersetzung von *Polis*, müßte man sich die Frage stellen, ob diese Regel beim Ausdruck »Staat Davids« angewandt werden kann, oder ob die Alternative zwischen Staat Cäsars und Staat Davids nicht eine Alternative zwischen einer Politik und einem Jenseits des Politischen ist oder auch eine Alternative zwischen zwei Politiken, oder schließlich *eine* Alternative unter *anderen* Alternativen, da, wo man nicht die Hypothese eines Staates ausschließen würde, der weder der Cäsars noch der Davids und auch nicht Rom,

Israel oder Athen wäre. Schließen wir diese Klammer, aber beharren wir auf der Tatsache, daß Lévinas nicht zögert, von *»messianischer Politik«* zu reden im Unterschied zu dem, was wir unter Politik in der griechischen oder postgriechischen Tradition verstehen, welche die abendländische Politologie beherrscht. Wenn er *»jenseits des Politischen«* sagt, hat »politisch« immer den Sinn jener nicht messianischen Staatspolitik, die zu ihrem Jenseits hin übertreten wird durch etwas, was dennoch Politik bleibt, aber messianische Politik. Es stimmt zwar, daß der Grenzverlauf, die semantische Linie all dieser Worte ins Zittern gerät, und darin besteht unstreitig die Wirkung dieser Schrift, die Stoßkraft dieses Gedankens. *»Das messianische Reich«*, sagt Lévinas, *»befindet sich nicht jenseits der Politik«*, und er fügt hinzu, *»das Gemeinwesen ganz allgemein befindet sich niemals diesseits des Religiösen«*.[73])

Auf diesem Hintergrund trägt Lévinas eine Hypothese vor, die man aus mehreren Gründen gewagt finden kann: einerseits hätte die Unterscheidung zwischen irdischem Reich und Gottes Reich, zwischen politischer Ordnung und geistiger Ordnung, im prä- bzw. postchristlichen Judentum nicht den *»schneidenden Charakter«*, den sie im Christentum hat; andererseits wäre das Christentum *»so häufig Staatsreligion«* geworden paradoxerweise aufgrund dessen, was Lévinas ohne zu zögern wegen dieser Undurchlässigkeit den *»politischen Indifferentismus«* des Christentums nennt.[74] Der politische Indifferentismus würde bei der Macht die Lust auf Macht fördern, auf jegliche Macht und um jeden Preis. Er verliehe dem unkontrollierten Autoritarismus und Dogmatismus der Kirche ein gutes Gewissen, wenn diese den Staat kontrollieren könnte. Eine verführerische These oder Hypothese, vielleicht tiefblickend oder gar fruchtbar, aber etwas selbstsicher, wenn man so sagen kann, und bald auch kühn, nicht nur in Hinblick auf das Band zwischen politischem Indifferentismus und Staatsreligion, sondern vor allem in Hinblick auf die angenommene Abwesenheit von Staatsreligion außerhalb des christlichen Raumes: auf islamischem Boden (der bei Lévinas nicht zur Sprache kommt) und auch auf dem Boden Israels, obschon der Ausdruck *»Staatsreligion«* bei ihm vorsichtig und flüchtig gehandhabt wird, so jedenfalls, daß es nicht leichtfällt, die Existenz einer Staatsreligion in Israel zu behaupten noch wortwörtlich zu bestreiten (wie Lévinas das hier und da versucht ist zu tun[75]).

Die gewollt aporetische, paradoxe bzw. unentscheidbare Form der Aussagen über das Politische findet später Eingang in eine der Überschriften jener Lektion vom 5. Dezember 1988, so wie sie in diesem Jahr, nach dem Tod von Emmanuel Lévinas, in die *Nouvelles lectures talmudiques* [*Neue Talmudlektüren*] aufgenommen wurde. In dieser Überschrift scheint das Politische eine topologische Gegebenheit auf die Probe zu stellen: es heißt dort »Jenseits des Staates im Staate«. *Jenseits-in*: Tranzendenz in der Immanenz, *jenseits* des Politischen, aber *im* Politischen. Einschließung, die auf eine Transzendenz hin offenbleibt, welche von ihr getragen wird, Einziehung eines Tors, das trägt und sich auf ein Jenseits der Mauern oder Gemäuer hin öffnet, welche es einrahmen. Auf die Gefahr hin, die Identität des Ortes sowie die Stabilität des Begriffs in sich zusammenfallen zu lassen. Diese Lektion weist der eingeschlossenen Transzendenz den Raum einer *»messianischen Politik«* zu, einer *»akzeptablen politischen Ordnung, die nur mit Hilfe der Tora, ihres Rechts, ihrer Richter und Gelehrten das Menschliche erreichen kann«*.[76]

Wir haben soeben einer Midrasch-Lektüre beigewohnt, die sich erlaubt, die ersten sieben Worte eines Verses abzusondern: *»Das ist die Tora: der Mensch stirbt«*[77] (wir werden noch einmal über den Tod, den Augenblick »ohne Antwort«, sprechen müssen und über die Tora, das à-Dieu und das »Ohne-Antwort«, über eine Tora schließlich, deren Gastlichkeit noch den Toten vor dem Tod schützen würde). Wir haben auch den *»demokratischen Staat«* definiert, den einzigen vervollkommnungsfähigen Staat, als der einzigen »Ausnahme von der tyrannischen Regel politischer Macht«.[78] Dabei ging es auch um die Frage, was eintrifft, jawohl, was *eintrifft* und *wer* eintrifft, wenn Alexander in einem Gemeinwesen aus Frauen eintrifft, ausschließlich Frauen, die ihn mit ihren Fragen entwaffnen. Alexander kommt schließlich zu folgendem Schluß (er sollte einem zu denken geben, wenn man sich für eine Politik interessiert, die mit den Stimmen der Frauen zu Hause und außerhalb des Hauses rechnet):

> Ich, Alexander von Mazedonien, war wahnsinnig, bevor ich nach Afrika in dieses Land der Frauen kam und ihre Ratschläge erhielt.[79]

In *Jenseits des Buchstabens* folgt in »Der Staat Cäsars und der Staat Davids« ein Unterkapitel, »Für eine monotheistische Politik«, auf ein anderes mit dem Titel »Jenseits des Staates«, das seinerseits demjenigen mit dem Titel »Ja zum Staat« folgt. Nun sollte man aber die diskursiven Modalitäten, in denen sich Fragezeichen, Konditionalformen und Klauseln häufen, die man als epochal bezeichnen könnte, sehr ernst nehmen und gewissenhaft interpretieren. Solche Vorsichtsmaßnahmen zeugen weniger von rhetorischer oder gar politischer Umsicht, als vielmehr von seiner Art zu respektieren oder zu begrüßen, was noch im Kommen ist – eine Zukunft, über die man nichts weiß. Was im Kommen ist, gehört nie der Ordnung des Wissens oder eines Vorherwissens an.

So zeichnet sich zum Abschluß von »Für eine monotheistische Politik« diese epochale Zurückhaltung in den Worten ab, die ich hervorheben will (*»Verbindlichkeit«, »doch«*):

> ... Israel war unfähig geworden, eine Politik zu denken, die seine monotheistische Botschaft vollenden würde. Die *Verbindlichkeit* war

man jetzt eingegangen. Seit 1948. *Doch* dann fing alles überhaupt erst an.

Wir haben hier ein Datum vor uns: »Seit 1948.« Es erinnert an ein Ereignis, die Gründung eines Staates, der sich *dafür stark macht, nicht nur* das zu sein, was er tatsächlich und rechtlich auch ist, ein Staat wie jeder andere. Lévinas nun, der die juristische *Tatsache*, nämlich die Gründung des modernen Staates Israel, rechtlich abgesegnet von einer Mehrheit der internationalen Staatengemeinschaft, weder billigt noch mißbilligt, sieht darin nur eine »Verbindlichkeit«. Eine immense Verbindlichkeit, doch bloß eine Verbindlichkeit. Und da diese politische Geschichte, wie er sagt, *»damit überhaupt erst anfängt«*, bleibt der Verrat an dieser Verbindlichkeit immer im Bereich des Möglichen, genauso wie auch Eidbruch, für das, was ein Staat wie andere werden könnte, oder auch in gewisser Hinsicht, wie manche sagen würden, schlimmer als viele andere, als gewisse andere. Alles bleibt in der Schwebe und, wie wir hören werden, alle Aussagen werden unter Kontrolle gehalten von der umsichtigen Wachsamkeit der Konditionalform. Die Verbindlichkeit würde »jenseits von« zum Tragen kommen, »jenseits« ist *das* Wort von Lévinas, jenseits des Politischen, jenseits eines Problems oder einer streng »politischen« Lösung im Umkreis des Nationalen oder Familialen:

Die *Verbindlichkeit* war man jetzt eingegangen. Seit 1948. *Doch* damit fing alles überhaupt erst an. Israel ist nicht weniger isoliert, um seine unerhörte Aufgabe zu erfüllen, als es vor viertausend Jahren Abraham war, als er sie auf sich nahm [über diese Unterbrechung in Hinblick auf die Isolierung Israels ließe sich streiten, in meinen Augen ist sie diskutabel, doch da sie der Argumentationsstruktur nicht wirklich wesentlich und für sie auch nicht notwendig ist, lasse ich diesen Punkt offen]. Aber so gesehen *würde* diese Rückkehr ins Land der Vorväter, einmal *abgesehen* von der Lösung eines besonderen, nationalen oder familiären Problems, eines der größten Ereignisse der inneren Geschichte wie der Geschichte überhaupt darstellen.[80]

Das sind die letzten Worte des Textes »Der Staat Cäsars und der Staat Davids«. Diese Worte besagen zwar eine bedingungslose Verbindlichkeit, aber so wie die Beschreibung des politischen Ereignisses bleibt auch die Deutung seiner Zukunft im Konditional stehen. (Wir kommen darauf noch zurück. Wir kommen auch abschließend zurück auf den eingeschobenen Zwischensatz, mit Hilfe dessen ich mir erlaubt habe, meinerseits einen Zwischensatz herauszutrennen und ihn so von der Argumentationsstruktur loszulösen, der wir hier zu folgen versuchen und der wir den Vorzug geben.)

V

»Politik danach!«: unter diesem Titel bemüht sich eine gewissermaßen umsichtige Interpretation des Zionismus zu Recht oder Unrecht zwischen zwei großen Phasen zu unterscheiden. Doch handelt es sich um Phasen? Handelt es sich um eine historische Abfolge? oder im Gegenteil um zwei Welten? um zwei konkurrierende und unverträgliche Gesichter? um zwei Zionismen, die sich auf immer dieselbe Zeit streitig machen?

Lévinas gibt eindeutig der Diachronie den Vorzug: da wäre zunächst ein realistischer, *politischerer* und dem prophetischen Ideal vielleicht unangemessener Zionismus. Dieser politische Zionismus, dem gängigen Nationalismus vielleicht mehr zugeneigt, würde im Europa vor Hitler und manchmal noch heute die Zurückhaltung gewisser Juden erklären, die sich zu einer *»universalistischen Finalität«*[81] bekennen. Ein zweiter Zionismus wäre empfänglicher für eine eschatologische Sicht der heiligen Geschichte bzw. ebendeswegen – als Politisches über dem Politischen – für das, was Lévinas eine *»politische Erfindung«* nennt.[82]

Egal, ob man bestimmte seiner Analysen mit Hinblick auf die reale Situation des Staates Israel und seiner politischen Sichtweise teilt (wahrheitshalber muß ich sagen, daß das bei mir nicht immer der Fall ist), es läßt sich aus ihnen eine unbestreitbare Sorge herauslesen: *auf der einen Seite* wird die zionistische *Verbindlichkeit,* die Verheißung, der Glaubensschwur und nicht das zionistische *Faktum* als Bewegung gedeutet, die das Politische *jenseits* des Politischen stellt und darum festsitzt zwischen dem Politischen und seinem anderen, *auf der anderen Seite* wird ein Frieden gedacht, der nicht rein politisch ist.

Doch angenommen, die zwei letzten Unterscheidungen

seien praktikabel und weiterhin sinnvoll (*concesso non dato*), in beiden Fällen deutet das Jenseits des Politischen, das Jenseits des *rein* Politischen nicht auf ein Nicht-Politisches hin. Es kündigt eine andere Politik an, eine messianische Politik, die des Staates Davids im Unterschied zum Staat Cäsars, das heißt der klassischen und hegemonischen Staatstradition in dem, was man mit aller gebotenen Vorsicht sehr wohl als *unsere* Politologie zu identifizieren versuchen müßte, als den Diskurs der Philosophie griechisch-römischer Herkunft über das Politische, das Gemeinwesen, den Staat, über Krieg und Frieden. Vorausgesetzt natürlich, will man so etwas wie die abendländische Politologie nicht mit sich selbst identifizieren, – wovor man sich zu hüten hat, erst recht in der eher imperialen als demokratischen Gestalt des Staates Cäsars –, man könnte in ihr immerhin eine herrschende Tendenz ausmachen, die Cäsar näherkäme als David und in der Demokratie als solcher von ihrer Bestimmung her imperialistisch wäre. Trotz all dieser Hypothesen bleibt die Frage offen, was man unter dem Wort »politisch« zu verstehen hat und ob die Grenzen dieses Begriffs sich heute einer Analyse widersetzen. Wir können hier diese Frage nicht frontal angehen. Wir bräuchten in dem Kontext, der uns hier beschäftigt, einen Leitfaden oder einen Probierstein. Zum Beispiel die Friedensidee in ihrer offensichtlichen und immer wieder bekräftigten Nähe zur Gastlichkeit. Ist der Frieden etwas Politisches? In welchem Sinne? Zu welchen Bedingungen? Wie soll man die Einflüsterung von Lévinas aufnehmen, »Einflüsterung« ist sein Wort, *»die Einflüsterung, daß der Friede ein Begriff ist, der das rein politische Denken übersteigt«*?[83]

Lévinas läßt sich also gleichzeitig zuversichtlich und beunruhigt auf eine »Einflüsterung«, lediglich eine Einflüsterung ein. Er behauptet nicht, daß der Frieden ein *nicht-politischer Begriff ist*, er flüstert ein, daß dieser Begriff über das Politische *vielleicht hinausgeht.*

Was setzt das voraus? Eine komplizierte Aufspaltung bzw. Aufteilung: ohne letzten Endes mit sich selbst Frieden geschlossen zu haben, bewahrt ein solcher Friedensbegriff einen politischen *Teil*, er nimmt am Politischen *teil*, auch wenn ein anderer Teil in ihm über einen bestimmten Begriff des Politischen hinausgeht. Der Begriff übertrifft sich selber, er ragt über sich hinaus, was darauf hinausläuft, daß er sich unterbricht bzw. dekonstruiert, um so eine Art Enklave innerhalb und außerhalb seiner selbst zu bilden: wieder einmal jenes *»jenseits in«* – politische Verinnerlichung der ethischen oder messianischen Transzendenz. (Nebenbei sei bemerkt, daß jedesmal wenn sich diese Selbstunterbrechung ereignet [seit etlicher Zeit schon gehen wir mehreren Beispielen nach], jedesmal wenn sich diese Selbstentgrenzung ereignet, die auch einem Überschuß, einer Transzendenz des Selbst gleichkommt, jedesmal wenn diese topologische Enklave zum Begriff wird, ein Prozeß der Dekonstruktion mit im Spiel ist, der nicht einmal mehr ein teleologischer Prozeß und auch kein bloßes Geschichtsereignis ist.) Als ob das Wort »Einflüsterung« noch nicht ausreichen würde, um wachsame Vorsicht zu signalisieren, präzisiert Lévinas zudem, daß für einen Teil »der Friede ein Begriff ist, der nicht das Politische übersteigt, sondern das *rein* politische Denken«. Diese Beharrlichkeit trägt alles, also muß man auf dieser Reinheit beharren.

Wir haben es also mit einem Begriff zu tun, Frieden, bei dem das Denken über das Denken hinausginge, insofern dieses *rein* politisch bleiben möchte. *»Ein rein politisches Denken«* wäre ihm hier unangemessen. Wollte man diesen Friedensbegriff denken, müßte man nicht die Ordnung des Politischen verlassen, sondern die Ordnung dessen, was Lévinas das »rein Politische« nennt. Wollte man wissen, was das Politische ist, müßte man erst einmal wissen, was das »rein Politische« ist. Eine Fiktion, bei der Lévinas übrigens – woanders – ausschließt, daß sie je Gestalt, reale Gestalt annehmen könnte, da ja, wie wir gehört haben, *»das Gemeinwesen ganz allgemein niemals diesseits des Religiösen ist«*. Über diesen nicht rein politischen Frieden spricht er übrigens in einem Kontext, in dem es darum geht, das Politische zu erfinden, in dem es um eine *»politische Erfindung«* geht, genauer noch darum, *»auf [dem Boden des Staates Israel] die konkreten Voraussetzungen für eine politische Erfindung zu schaffen«*.[84]

Hat es diese *politische Erfindung* in Israel je gegeben? In Israel? Hier ist vielleicht nicht der Ort, diese Frage zu stellen, schon gar nicht, eine Antwort auf sie zu geben – die Zeit, und mehr noch als die Zeit, würde uns übrigens fehlen für alle erforderlichen Analysen –, aber hat man angesichts dieser Worte von Lévinas und ausgehend von dem Geist, der sie inspiriert hat, das Recht, die Angst vor einer solchen Befragung zu verschweigen? Wäre ein solches Schweigen denn der Verantwortlichkeit würdig, vor der wir uns gestellt sehen? Angesichts Emmanuel Lévinas' selber vor allem? Ich gehöre zu denen, die auf sie warten, auf diese »politische Erfindung« in Israel, zu denen, die sie mit Hoffnung herbeisehnen, und heute mehr denn je, auch mit einer Verzweiflung, die von den jüngsten Ereignissen, um nur von ihnen zu reden, nicht abgeschwächt wird (zum Beispiel, doch das sind ja nichts als Ereignisse von gestern und heute, die Wiederankurbelung der kolonialen »Siedlungen« oder die Entscheidung des Obersten Gerichtshofes, durch welche die Folter zugelassen wird, und ganz allgemein alle Initiativen, die das, was weiterhin »Friedensprozeß« genannt wird – das ist so eine Art zu reden –, aussetzen, unterbrechen, ihm ausweichen).

In jedem Fall deutet die Einflüsterung von Lévinas, auch wenn sie im Grunde rätselhaft bleibt, auf einen Frieden hin, der *weder* rein politisch im traditionellen Sinn des Wortes ist, *noch* einfach apolitisch wäre. Sie gehört in einen Kontext, wo durch die erneute Bekräftigung des Ethischen – Subjektivität des Gastes als Subjektivität einer Geisel – der Übergang vom Politischen hin zum Jenseits des Politischen oder dem »schon Nicht-Politischen« eingeleitet wird. Wo aber sind die Grenzen zwischen dem »schon« und dem »noch nicht«? zwischen dem Politischen und dem Nicht-Politischen? Einige Seiten weiter oben konnte man in der Tat lesen:

Selbstbehauptung ist von vornherein Verantwortlichkeit für alle. *Politische und schon nicht politische,* Epos und Leidenschaft. Ungezähmte Energie und äußerste Verletzbarkeit. Nach dem Realismus seiner ersten politischen Formulierungen erweist sich der Zionismus endlich als ein großer Ehrgeiz des Geistes, ganz auf der Höhe substantiellen Judentums.[85]

Was heißt *»schon«* in dem Ausdruck *»und schon nicht politisch«*? Wie kann dieses *»und schon nicht –«* das angreifen, was es noch ist, nämlich *»politisch«*? Oder sich immer noch angreifen lassen von dem, was es schon nicht mehr ist, *»politisch«*, was es aber noch immer angreift? Was heißt *»politisch«*, wenn man einen Frieden herbeiruft, dessen *»Begriff das rein politische Denken überschreitet«*?

Diese Worte entstammen einem Text mit dem Titel »Politik danach!«, der 1979 in den *Temps Modernes* veröffentlicht und 1982 in *L'Au-delà du verset* aufgenommen wurde. So mit einem Ausrufungszeichen versehen, scheint der Titel klar zu sein: die Politik kommt danach, an zweiter Stelle! Die eigentliche oder letztendliche Weisung, die äußerste Dringlichkeit wäre erst einmal nicht politisch, nicht rein politisch. Die Politik oder das Politische würden folgen, sie kämen »danach«, sie würden als logische Konsequenz oder chronologische Sequenz einer Weisung untergeordnet, welche die politische Ordnung transzendiert. Man wird danach sehen, was die politische Ordnung angeht, das alles käme schon hinterher, die Politik würde als Verwaltung folgen: »Politik danach!«

Wir befinden uns im Gefolge Sadats, der nach Jerusalem reist, ein kühnes, quasimessianisches Unternehmen, das begrüßt wird als jenes *»außergewöhnliche – transhistorische – Ereignis, das einem nicht zweimal im Leben geschieht und dessen man nicht zweimal Zeitgenosse ist ... Alles Unmögliche, das möglich wird.«*[86]

Man könnte heute versucht sein, die Dinge zu versetzen bzw. umzukehren. Der Ausdruck *»Alles Unmögliche, das möglich wird«* erklingt hier nicht zufällig wie ein Echo auf jene *»Möglichkeit des Unmöglichen«*, von der »Die Stellvertretung« spricht mit Hinblick auf eine absolute Passivität, die nicht diejenige des Todes (im heideggerschen Sinn der Möglichkeit des Unmöglichen) ist, sondern die der Geiselsituation, des *»ich bin Geisel«* und der *»unendlichen Verantwortlichkeit«*, die mich dem Nächsten als Dritten verpflichtet, *»eine Passivität, die nicht nur die Möglichkeit des Todes im Sein, die Möglichkeit der Unmöglichkeit bedeutet, sondern die dieser Möglichkeit voraufgehende Unmöglichkeit, Unmöglichkeit, sich zu entziehen ...«*. Unsere Verantwortung alles in allem vor dem Tod, angesichts des Todes, angesichts der Toten und über den Tod hinaus. So wird jetzt das Unmögliche möglich. Mit dem Eintreffen Sadats in Jerusalem. Hat Sadat denn nicht begriffen,

welche Chancen die Freundschaft mit Israel eröffnet – oder schon dessen bloße Anerkennung – was sich an prophetischen Verheißungen hinter der zionistischen Anrufung der historischen Rechte und ihrer Verzerrung durch politische Zwänge verbirgt? All die – wiedergutzumachenden *Ungerechtigkeiten.*

Und Lévinas fährt fort:

All das Unmögliche, das möglich wird. Das was weniger hohe Geister unter den Feinden Sadats im Vorderen Orient oder seine Freunde in unserem so stolzen Abendland nie geahnt haben, weil sie in ihre politische Buchhaltung vertieft waren. »Ein Staat wie jeder andere«

und viel Eloquenz? Langsam, langsam! Gäbe es da denn nicht noch etwas anderes zwischen dem Rückgriff auf verächtliche Methoden, deren Vorbild uns die Realpolitik liefert, und der ärgerlichen Rhetorik eines unklugen Idealismus, der sich in utopischen Träumen verliert, aber im Kontakt mit dem Realen zu Staub zerfällt oder in ein gefährliches, schamloses und leichtes Delirium abgleitet, das sich als Wiederaufnahme der prophetischen Rede ausgibt? Sieht man einmal von der Sorge um eine Zufluchtsstätte für heimatlose Menschen und von den manchmal erstaunlichen, manchmal zweifelhaften Leistungen des Staates Israel ab, ging es dann nicht vor allem darum, auf seinem Boden die konkreten Voraussetzungen für eine politische Erfindung zu schaffen? Da genau liegt die allerletzte Finalität des Zionismus und insofern vermutlich auch eines der größten Ereignisse in der Menschheitsgeschichte: Zweitausend Jahre lang war das jüdische Volk nur Objekt, und das mit einer politischen Unschuld, die es seiner Rolle als Opfer verdankte. Es genügte seiner Berufung nicht. Und dann, ab 1948, war es von Feinden umgeben und immer noch in Frage gestellt [wie man sich erinnern wird, definiert dieses »In-Frage-gestellt-Sein« die Subjektivität oder Ipseität der Geisel: Verfolgung, andauernde Belästigung bzw. Belagerungszustand, Verantwortlichkeit für alle], doch es hatte sich auch dafür stark gemacht, einen Staat zu denken – zu schaffen, neu zu schaffen, der die prophetische Moral und deren Friedensgedanken verkörpern sollte. Daß dieser Gedanke weitergegeben und aufgegriffen werden konnte, grenzt an sich schon an ein Wunder. Wir hatten es schon gesagt, die Reise Sadats hat einen einzigartigen Weg hin zum Frieden im Vorderen Orient eröffnet, wenn dieser Friede denn möglich werden soll: was »politisch« an ihm schwach sein mag, ist vermutlich Ausdruck des Wagemutigen und letztlich Starken an ihm. Vielleicht ist es auch die Tatsache, daß er den Friedensgedanken als solchen allen und überallhin bringt: die Einflüsterung, daß der Friede ein Begriff ist, der das rein politische Denken übersteigt.[87]

Was ist Frieden? Was sagen wir, wenn wir »Frieden« sagen? Was heißt das, »in Frieden leben mit« – mit jemand anderem, einer Gruppe, einem Staat, einer Nation, mit sich selbst wie mit einem anderen? In all diesen Fällen kann man nur mit anderem in Frieden leben. Solange anderes als anderes nicht in irgendeiner Weise in der Epiphanie »empfangen« worden ist, im Rückzug oder der Heimsuchung des Antlitzes, macht es keinen Sinn, von Frieden zu reden. Mit dem Selben lebt man nie in Frieden.

Dieses Axiom mag zwar armselig und abstrakt erscheinen, es läßt sich aber nicht so leicht in aller Konsequenz denken. Welches ist denn der semantische Kern von diesem kleinen Wort »Frieden«, sofern es ihn gibt und er eine Einheit aufweist? Gibt es einen solchen semantischen Kern? Anders gesagt, gibt es einen Begriff vom Frieden? Der *eins* wäre und unzerstörbar in seiner Identität? Oder müßte man ein anderes Verhältnis zu diesem Begriff finden, wie vielleicht zu jedem Begriff, zur nicht-dialektischen Umschließung seiner eigenen Transzendenz, seines »jenseits-in«?

So wie wir uns hätten fragen sollen, was wir sagen wollen, wenn wir von »empfangen« oder »aufnehmen« reden – und Lévinas' ganzes Denken ist Unterweisung, will Unterweisung sein, stellt sich als solche dar (im Sinne meisterhafter Höhe, den er diesem Wort verleiht, und zwar meisterhaft), Unterweisung darin, was »empfangen« oder »aufnehmen« heißen *sollte*, so *sollten* wir uns fragen, was das Wort »Frieden« im Gegensatz zu Krieg heißen *oder auch nicht* heißen *soll*.

Im Gegensatz zu Krieg, zu Feindschaft also, *oder auch nicht*, denn dieser Gegensatz ist nicht selbstverständlich. Zu Krieg oder zu Feindseligkeiten, zu Feindlichkeit, das heißt einer erklärten Feindschaft, die auch, so glaubt man oft, das Gegenteil von Gastlichkeit ist. Wenn aber Krieg und erklärte Feindschaft dasselbe sind und Frieden das Gegenteil wäre, müßte man sagen, daß auch der Frieden und die Gastlichkeit zusammengehören. Und daß sie ein untrennbares Paar bildeten, eine Korrelation, bei welcher das eine, der Frieden, auf der Höhe des anderen, der Gastlichkeit, ist und umgekehrt.

Aber all diese als synonym vorausgesetzten, mit implizierten oder symmetrisch entgegensetzbaren Begriffspaare müßten vielleicht in ihrer Ordnung problematisiert, aufgestört, belästigt, verdächtigt werden. Es ist vielleicht gar nicht sicher, daß »Krieg«, »Feindschaft« und »Konflikt« dasselbe sind (Kant zum Beispiel unterscheidet den Krieg vom Konflikt). Auch ist nicht sicher, daß Gastlichkeit und Frieden Synonyme sind. Man kann sich einen bestimmten politischen Frieden zwischen zwei Staaten vorstellen, die den Bürgern des jeweils anderen dennoch keine Gastlichkeit gewähren oder nur eine durch strenge Auflagen begrenzte Gastlichkeit. Das ist sogar das geläufigste Phänomen. Allzuoft glaubt man auch, davon ausgehen zu können, daß Krieg und Frieden ein symmetrisches Paar einander entgegengesetzter Begriffe seien. Doch es genügt, dem einen oder dem anderen dieser beiden Begriffe Ursprünglichkeitswert oder -rang einzuräumen, und schon geht die Symmetrie in Brüche.

Wenn man zum Beispiel mit Kant urteilt, daß alles in der Natur mit Krieg beginnt, dann ergeben sich daraus mindestens zwei Konsequenzen: 1. Der Frieden ist nicht mehr ein natürliches, dem Krieg symmetrisch einfach entgegensetzbares Phänomen: der Frieden ist das Phänomen einer anderen Ordnung, nicht von natürlicher, sondern von institutioneller (also politisch-juristischer) Natur. 2. Der Frieden bedeutet nicht einfach das Einstellen von Feindseligkeiten, die Verzichtleistung auf Krieg oder Waffenstillstand; er muß als fortwährender Frieden, als Verheißung auf ewigen Frieden instituiert werden. Ewigkeit ist dann nicht Utopie oder ein hohles Wort, auch nicht ein äußerliches oder zusätzliches Prädikat, das man diesem Friedensbegriff hinzufügen könnte. Dieser impliziert in sich analytisch, in seiner eigenen Notwendigkeit, daß Frieden ewig zu sein hat. Der Ewigkeitsgedanke ist im Friedensbegriff selber unzerstörbar, also im Gastlichkeitsbegriff, wenn sich das überhaupt denken läßt. Man kennt die Argumentation von Kant: wenn ich Frieden mit dem Hintergedanken schließe, die Feindseligkeiten wieder aufzunehmen, den Krieg wieder zu eröffnen oder bloß einem Waffenstillstand zuzustimmen, selbst wenn ich von dem Gedanken ausgehe, ich müsse mich eventuell mit der Hypothese eines weiteren Krieges abfinden, wäre das kein Frieden. Man wird vielleicht einwenden, daß es dann nie Frieden geben wird, aber wenn Frieden wäre, müßte er ewig sein und als solcher gestiftet werden, als ein juristisch-politischer Frieden und nicht als ein naturgegebener.

Einige könnten daraus vielleicht schließen, daß es einen solchen Frieden nie gibt und in der Tat nie geben wird. Ein rein politischer Frieden kann immer auch nicht stattfinden, geht man von den seinem Begriff adäquaten Bedingungen aus. Dann aber ist dieser ewige, so rein politische Frieden nicht politisch – oder auch: das Politische ist seinem Begriff nie adäquat. Das würde trotz aller Unterschiede, auf die wir zu achten haben, jenen Kant in die Nähe von Lévinas rücken, wo dieser in »Politik danach!« den Begriff des Politischen, seine Inadäquatheit gegenüber sich und der Unendlichkeitsidee und die Konsequenzen zur Kenntnis nimmt, die Kant im *Dritten Definitivartikel zum ewigen Frieden* ziehen muß: *»Das Weltbürgerrecht soll auf Bedingungen der allgemeinen Hospitalität eingeschränkt sein.«* Dieser generöse Artikel bleibt in der Tat eingeschränkt durch eine große Anzahl von Bedingungen: die allgemeine Gastlichkeit ist nur rechtlich und politisch; sie gewährt lediglich ein Besuchs-, aber kein Wohnrecht; sie betrifft nur die Bürger der Staaten und gründet sich trotz ihres institutionellen Charakters auf einem Naturrecht, dem gemeinschaftlichen Besitz der runden und begrenzten Erdoberfläche, auf welcher sich die Menschen nicht ins Unendliche verstreuen können. Der Vollzug dieses Naturrechts, also der allgemeinen Gastlichkeit, ist auf eine weltbürgerliche Verfassung angewiesen, der sich das Menschengeschlecht nur auf unbestimmte Zeit annähern kann.

Aber aus all diesen Gründen, die einen unmittelbaren, unbefristeten, uneingeschränkten Empfang verbieten oder auf unbestimmte Zeit einschränken, gibt Lévinas immer – ich möchte das ohne Wortspielerei sagen – dem *Frieden jetzt* den Vorzug; und er zieht die Allgemeinheit dem Weltbürgertum vor. Meines Wissens spricht er das Wort Kosmopolitismus nicht aus oder beansprucht es nirgends. Wie ich mir denke, aus zweierlei Gründen: weil ein solcher Politismus die reine Gastlichkeit und so den Frieden auf einen unbestimmten Fortschritt verweisen würde, *und* wegen der allgemein bekannten ideologischen Konnotationen, mit welchen der moderne Antisemitismus die schöne Tradition des Kosmopolitismus belastet hat, die sich vom Stoizismus bzw. paulinischen Christentum auf die Aufklärung und Kant übertragen hat.

Wo bei Kant die Stiftung ewigen Friedens, eines Weltbürgerrechts und einer allgemeinen Gastlichkeit noch die Spur einer natürlichen, aktuellen oder drohenden, effektiven oder virtuellen Feindschaft beibehält, trifft bei Lévinas das Gegenteil zu: der Krieg bewahrt die Zeugnisspur eines friedlichen Empfangs des Antlitzes auf. Am Anfang des zweiten Abschnitts von *Zum ewigen Frieden* erklärt Kant den Krieg als *natürlich*:

> Der Friedenszustand unter Menschen, die neben einander leben, ist kein Naturstand (status naturalis), der vielmehr ein Zustand des Krieges ist, d. i. wenn gleich nicht immer ein Ausbruch von Feindlichkeiten, doch immerwährende Bedrohung mit denselben.[88]

Für Kant, und das sollte man ernst nehmen, genügt eine Kriegsbedrohung, ein einfacher – symbolischer, diplomatischer oder wirtschaftlicher – Druck, um den Frieden zu unterbrechen. Eine virtuelle Feindseligkeit ist mit Frieden nicht zu vereinbaren. Das geht so weit und tief, daß jede virtuelle Allergie, sei sie auch unbewußt oder radikal untersagt, in Widerspruch zum Frieden treten kann. Unvereinbar mit dem Frieden wäre das Aufkeimen der geringsten Bedrohung, die

Immanenz – und nicht nur die Immanenz – einer Negativität in der Erfahrung des Friedens. Das allein erlaubt Kant den Schluß, daß es keinen natürlichen Frieden gibt und daß, er sagt das gleich im Anschluß, der Friedenszustand *»gestiftet«* werden muß.

Doch wenn der Frieden erst einmal gestiftet, politisch ausgehandelt, rechtlich entworfen ist, behält er dann nicht auf Dauer und unvermeidlich eine Spur der gewaltsamen Natur in sich, die er doch unterbrechen, untersagen und unterdrücken soll? Kant sagt das so nicht, aber könnte man nicht mit ihm oder gegen ihn denken, daß die Stiftung von Frieden gleichzeitig rein und unrein ist? Als ewige Verheißung muß er entsprechend einer Logik, die ich an anderer Stelle und auf andere Beispiele bezogen zu formalisieren versucht habe[89], die Spur einer Drohung aufbewahren, die Spur dessen, was ihn bedroht und was in ihm droht, so daß die Verheißung von der Bedrohung angesteckt wird wie durch ein heimliches Einverständnis, das vor allem von Theoretikern der Verheißung als unannehmbarer, unzulässiger und dem Wesen einer Verheißung zuwiderlaufender *speech act* betrachtet wird. Kant fährt fort:

> Er muß also gestiftet werden; denn die Unterlassung der letzteren [Feindseligkeiten] ist noch nicht Sicherheit dafür, und, ohne daß sie einem Nachbar von dem andern geleistet wird (welches aber nur in einem gesetzlichen Zustand geschehen kann), kann jener diesen, welchen er dazu aufgefordert hat, als einen Feind behandeln.

Wenn alles, wie Natur und in der Natur, mit einem aktuellen oder virtuellen Krieg beginnt, dann gibt es keinen symmetrischen Gegensatz mehr zwischen Krieg und Frieden, das heißt zwischen Krieg und ewigem Frieden. Wenn die Gastlichkeit aber in sich die Spur eines möglichen Friedens aufbewahrt, kann sie nur eine bedingte, rechtliche, politische sein. Ein Nationalstaat, ja, eine Gemeinschaft von Nationalstaaten können den Frieden immer nur bedingen, wie sie auch die Gastlichkeit, die Zufluchtsstätte oder das Asyl immer nur beschränken können. Und die erste, ja, die einzige Sorge Kants ist es, die Beschränkungen und Bedingungen zu definieren. Wir wissen nur zu gut: niemals läßt sich ein Nationalstaat als solcher, ganz egal, welches sein Regime ist, sei es auch demokratisch, egal, welches seine Mehrheit ist, sei sie eine der Rechten oder der Linken, auf eine unbedingte Gastlichkeit ein oder auf ein unbeschränktes Asylrecht. Es wäre nie »realistisch«, so etwas von einem Nationalstaat als solchem zu erwarten oder zu fordern, er würde immer »den Einwanderungsfluß eindämmen« wollen.

Könnte man aber nicht umgekehrt sagen, wie Lévinas, daß alles mit dem Frieden beginnt? Auch wenn dieser Frieden *weder natürlich* (denn aus nicht zufälligen Gründen gibt es bei Lévinas, wie mir scheint, weder einen Naturbegriff noch Bezugnahme auf einen Naturzustand, und das ist sehr folgenreich: vor der Natur, vor der Ursprünglichkeit der Archie, und um diese zu unterbrechen, gibt es die vor-ursprüngliche Anachronie der An-archie) *noch einfach institutionell oder juristisch-politisch* ist, so scheint doch alles eben auf an-archische und anachronische Art »anzufangen« mit dem Empfang des Antlitzes des Anderen in der Gastlichkeit, das heißt auch mit ihrer unmittelbaren und quasi immanenten Unterbrechung in der Illeität des Dritten.

Aber der Bruch dieser Symmetrie, der das Gegenteil von dem zu sein scheint, den Kant beschreibt, hat auch zwiespältige Konsequenzen. Er kann bedeuten, daß der Krieg selber, die Feindschaft, ja Mord, den ursprünglichen Empfang *noch* voraussetzen, ihn also *immer noch* manifestieren, ihn, der die Öffnung hin zum Antlitz ist: vor und nach Sinai. Krieg kann nur gegen ein Antlitz geführt werden. Man kann nur da töten oder auch sich verbieten zu töten, wo die Epiphanie des

Antlitzes sich ereignet hat, auch wenn man sie verwirft, vergißt oder in der Allergie verleugnet. Wir wissen, daß das Tötungsverbot, das *»Du sollst nicht töten«*, in dem sich, wie er sagt, *»die ganze Tora«* vereinigt[90] und *»das das Antlitz des Anderen bedeutet«*, für Lévinas der Ursprung der Ethik ist.

Wo bei Kant die Friedensstiftung die Spur eines kriegerischen Naturzustands aufbewahrt, erscheinen bei Lévinas umgekehrt die Allergie, die Ablehnung des Anderen und der Krieg in einem Raum, der von der Epiphanie des Antlitzes gezeichnet ist, da, wo das Subjekt *»Gast«* – und *»Geisel«* – ist, da, wo eine veranwortliche, traumatisierte, belästigte, verfolgte intentionale Subjektivität, das Bewußtsein von, zuallererst jene Gastlichkeit gewährt, die sie ist. Wenn er behauptet, das Wesen der Sprache sei Güte, oder auch, das Wesen der Sprache sei Freundschaft und Gastlichkeit, will er auf eine Unterbrechung verweisen: Unterbrechung sowohl der Symmetrie als auch der Dialektik. Er bricht sowohl mit Kant als auch mit Hegel: sowohl mit einem Rechtskosmopolitismus, dem es trotz seiner Verneinungen nicht gelingen würde, den bewaffneten Frieden zu unterbrechen, den Frieden als Waffenstillstand, als auch mit einem mühsamen Prozeß des Negativen, mit einem »Friedensprozeß«, der den Krieg noch mit anderen Mitteln organisieren würde, sofern er aus ihm nicht eine Bedingung des Bewußtseins, der »objektiven Sittlichkeit« und der Politik macht – genau das, was die Dialektik eines Carl Schmitt noch Hegel zuschrieb.[91] Für Lévinas ist der Frieden kein Prozeß des Negativen, nicht das Ergebnis eines dialektischen Abkommens zwischen dem Selben und dem Anderen:

> Der Andere ist nicht die Negation des Selben, wie es Hegel möchte. Der fundamentale Sachverhalt der ontologischen Spaltung in Selbes und Anderes ist ein nicht-allergischer Bezug des Selben zum Anderen.

So steht es auf den letzten Seiten von *Totalität und Unendlichkeit.* Auf ihnen wird Frieden erklärt, Frieden jetzt, noch vor jedem Friedensprozeß und über ihn hinaus, sogar vor jedem *»peace now movement«*.

Wo ließe sich eine Regel oder ein Schema finden für die Vermittlung zwischen einer solchen vorursprünglichen Gastlichkeit bzw. einem solchen Frieden ohne Prozeß und andererseits der Politik, der Politik moderner Staaten (existierender oder sich konstituierender), wie zum Beispiel, aber es ist nur ein Beispiel, der Politik zwischen Israel und Palästina, die einem »Friedensprozeß« ausgesetzt ist? Alle Rhetoriken und alle Strategien, die heute vorgeben, sich auf ihn zu beziehen, tun es im Namen und in Hinblick auf »Politiken«, die nicht nur unterschiedlich sind, sondern offenbar auch antagonistisch und miteinander unverträglich.

Die letzten Seiten von *Totalität und Unendlichkeit* nahmen Sätze auf, in denen, wie im »Die Bleibe« überschriebenen Kapitel, die Sprache als Nicht-Gewalt, als Frieden, Gastlichkeit bezeichnet wurde. Lévinas sprach dort von dem, was sich in der Sprache *»ereignet«*, nämlich die *»positive Entfaltung dieser* friedlichen *[Hervorhg. v. mir] Beziehung mit dem Anderen, die ohne Grenze und ohne irgendeine Negativität ist ...«*. Zweimal in ein paar Zeilen entspricht das Wort »Gastlichkeit« der Sammlung im Hause, aber einer *Sammlung* als *Empfang*:

> Die Sammlung in einem Haus, das dem anderen offensteht – die Gastlichkeit – ist der konkrete und ursprüngliche Tatbestand der menschlichen Sammlung und der Trennung; dieser Tatbestand fällt zusammen mit dem Begehren des absolut transzendenten Anderen.[92]

Das Zuhause der Bleibe bedeutet nicht Einschließung, sondern den Ort des Begehrens hin zur Transzendenz des Anderen. Die Trennung, die sich dort zeigt, ist Bedingung des

Empfangs und der dem Anderen gewährten Gastlichkeit. Es gäbe weder Empfang noch Gastlichkeit ohne diese radikale Andersheit, die ihrerseits die Trennung voraussetzt. Das soziale Band ist eine ganz bestimmte Erfahrung von Entbindung, ohne die Atmung und geistige Eingebung nicht möglich wären. Sammlung und Zusammensein als solches setzen unendliche Trennung voraus. Das Zuhause wäre so gesehen nicht mehr Natur oder Wurzel, sondern Antwort auf eine Irre, ein Phänomen der Irre, die es beendet.

Dieses Axiom hat Gültigkeit für den Raum einer Nation. Ein Boden oder ein Territorium haben nichts Natürliches an sich, nichts von einer Wurzel, und sei sie geheiligt, nichts von einem Besitz für den nationalen Bewohner. Land schenkt vor allem Gastlichkeit, eine dem anfänglichen Bewohner schon gewährte Gastlichkeit, eine dem Gast provisorisch gewährte Gastlichkeit, auch wenn jener Herr am Ort bleibt. Er wird in »seinem« Haus empfangen. Das »Haus«, das Familienhaus, »die Bleibe« mitten in *Totalität und Unendlichkeit*, wo die Gestalt der Frau die wesentliche Rolle der absolut Empfangenden einnimmt, ist ein *gewähltes, erwähltes, eher eingeräumtes*, anvertrautes, durch die Wahl einer Erwählung bestimmtes Haus, keinesfalls aber ein natürlicher Ort:

> Das Haus, das man gewählt hat [sagt Lévinas gleich im Anschluß an die Erwähnung der Gastlichkeit als Begehren des absolut transzendenten Anderen], ist ganz das Gegenteil einer Verwurzelung. Das Haus bezeichnet eine Loslösung, eine Irre, die das Haus möglich gemacht hat; diese Irre ist kein *Weniger* im Verhältnis zur Einrichtung, sondern ein Überschuß der Beziehung zum Anderen oder der Metaphysik.[93]

Auf den letzten Seiten von *Totalität und Unendlichkeit* ist dieselbe Thematik von gastlichem Frieden und entwurzelter Irre nachzulesen. Indem dieselbe Logik über das Politische im gewöhnlichen Sinn hinausgeht, eröffnet sie einen ganz anderen Raum: noch vor dem Staat, jenseits und außerhalb des Staates. Man fragt sich aber, warum sie diese »Situation« nicht mehr um die Weiblichkeit des Empfangs zentriert, sondern um die väterliche Fruchtbarkeit, um das, was Lévinas – und damit hätten wir eine weitere wichtige Frage, noch ein Wunder – ein *«Wunder der Familie«* nennt. Diese konkretisiert die *»unendliche Zeit«* der Fruchtbarkeit – natürlich nicht einer biologischen Fruchtbarkeit – den *»Augenblick der Erotik und die Unendlichkeit der Vaterschaft«*.[94]

Zwar stehen die »Schlußfolgerungen« von *Totalität und Unendlichkeit* im Zeichen erklärten Friedens und erklärter Gastlichkeit (*»Die Metaphysik oder die Beziehung zum Anderen vollzieht sich als Dienst und als Gastlichkeit«*)[95], sie führen allerdings den gastlichen Empfang nicht mehr zum *»weiblichen Sein«* hin (*»der gastfreundliche Empfang schlechthin«*, *»der Empfang schlechthin«*, *»der Empfang an sich«* in »Die Bleibe«), sondern zur väterlichen Fruchtbarkeit, die *»eine unendliche und diskontinuierliche Zeit«* eröffnet[96] und von der wir weiter oben gesagt hatten, daß sie ein wesentliches, wenn nicht ausschließliches Verhältnis mit dem Sohn unterhält, mit jedem der Söhne als *»einzigem Sohn«*, als *»auserwähltem Sohn«*. Da, wo das weibliche Sein sich als *»Empfangendes schlechthin«* zu zeigen schien, wird jetzt der Vater zum unendlichen Gastgeber bzw. zum Gastgeber des Unendlichen.

Es geht darum, dem Staat das entgegenzusetzen, was sich hier auf nur einer Seite des Geschlechtsunterschieds einschreibt unter dem einzigen Gesetz der Vaterschaft, nämlich der *»unendlichen Zeit der Fruchtbarkeit«*, nicht aber dem *»egoistischen Protest der Subjektivität«*. Mit dieser insistierenden Geste, mit diesem Protest gegen den subjektiven Protest scheint Lévinas sich von zwei sehr nahestehenden Denkern absetzen zu wollen: gleichzeitig von einem bestimmten Kierkegaard (dessen Deutung der »Opferung« Isaaks und der Vatergestalt

Abrahams er übrigens in Frage stellt) und von einem bestimmten Rosenzweig. Vor dem einen wie dem anderen gibt er vor, einen Moment lang von der Hegelschen Argumentation verlockt zu sein, der zufolge der Universalität des Staates recht gegeben wird. Er gibt es vor, aber nur um ohne Vorwand verstehen zu geben, daß man sich nicht in der subjektiven Endlichkeit eines *Ego* einschließen darf – vor der uns eben die »*Fruchtbarkeit*«, die unendliche Zeit der Beziehung Vater–Sohn bewahrt:

> Gegen diesen egoistischen Protest der Subjektivität – gegen diesen Protest in der ersten Person – hat der Universalismus der hegelschen Wirklichkeit vielleicht recht. [...] In der Güte bewahrt sich also das Ich, ohne daß sein Widerstand gegen das System sich als der egoistische Schrei der kierkegaardschen Subjektivität erweist, die noch um ihr Glück oder Heil besorgt ist.[97]

Offensichtlich ein Paradox: die Anarchie, die wahre Anarchie hat väterlich zu sein – so wie der daraus resultierende Protest gegen die »Tyrannei des Staates«. Die vorurspüngliche Gastlichkeit, die anarchische Güte, die unendliche Fruchtbarkeit, die Vaterschaft können zweifelsohne der Allergie Platz machen. Eben das passiert ständig, und es hieße das vergessen, verleugnen bzw. verdrängen, was vor dem Ursprung kommt entsprechend der gängigen Erfahrung der Geschichte. Eine solche Negativität des Verdrängens bliebe Lévinas zufolge immer sekundär. Auch wenn es eine Urverdrängung wäre, wie es einem psychoanalytischen Code entsprechend heißt, dem sich Lévinas verschließt. In ihrer ursprünglichen Sekundarität noch würde sie, wie gegen sich selbst, das bezeugen, was sie vergißt, verneint, verdrängt, so daß Nicht-Gastlichkeit, Allergie, Krieg usw. noch davon zeugen, daß alles mit ihrem Gegenteil, der Gastlichkeit beginnt.

Dann aber bleibt eine hierarchisierende Dissymmetrie bestehen (offenbar im Gegensatz zu der von Kant). Krieg bzw. Allergie, ungastlicher Verweis leiten sich noch von Gastlichkeit ab. Feindlichkeit manifestiert Gastlichkeit, sie bleibt trotz ihrer selbst deren Phänomen mit jener schrecklichen Konsequenz, daß Krieg immer als eine Fortsetzung des Friedens mit anderen Mitteln gedeutet werden kann bzw. als Nicht-Unterbrechung des Friedens bzw. der Gastlichkeit. Insofern können wir aus dem großen messianischen Diskurs über den eschatologischen Frieden und den gastlichen Empfang, dem nichts vorausgeht, selbst nicht ein Ursprung, alles, nur keinen politischen Irenismus heraushören.

Daß Krieg noch von Frieden zeugt, daß er ein Phänomen des Friedens bleibt, ist, wie man sich denken kann, nicht eine Konsequenz, die Lévinas ihm zuschreiben würde, aber ein Risiko, das bestehenbleibt. Es wird uns jedenfalls klar gesagt, daß die Allergie, das ungastliche Vergessen der Transzendenz des Anderen, jenes Vergessen der Sprache, alles in allem noch ein Zeugnis ist, ein unbewußtes Zeugnis, wenn so etwas möglich ist: es *bezeugt* gerade das, was es vergißt, nämlich die Transzendenz, die Trennung, also die Sprache und die Gastlichkeit, und die Frau und den Vater. Hier also was *»bleibt« »in seiner Bleibe«*:

Aber das getrennte Seiende kann sich in seinen Egoismus, d. h. in den eigentlichen Vollzug seiner Isolierung einschließen. Und diese Möglichkeit, die Transzendenz des Anderen zu vergessen – ungestraft alle Gastlichkeit (d. h. alle Sprache) aus seinem Haus zu verbannen, daraus die transzendente Beziehung, die überhaupt erst dem Ich gestattete, sich in sich einzuschließen, zu verbannen –, *bezeugt* die absolute Wahrheit, den Radikalismus der Trennung. Die Trennung ist nicht nur in der Art der Dialektik das Korrelat der Transzendenz als ihre Kehrseite. Sie vollzieht sich als positives Geschehen. Die Beziehung mit dem Unendlichen bleibt als eine andere Möglichkeit des Seienden, das in seiner Bleibe versammelt ist. Die Möglichkeit, sich dem Anderen zu öffnen, ist ebenso wesentlich für das Wesen des Hauses wie die geschlossenen Fenster und Türen.[98]

Wenn die Sprache bzw. die Transzendenz des Anderen die Gastfreundschaft als solche *sind* oder *übersetzen*, dann unterscheidet die Interpretation dieser Übersetzung auf beunruhigende Weise (beunruhigend, weil die Gefahr besteht, daß sich diese Unterscheidung verflüchtigt, wie sich das vorhin schon abzeichnete) Lévinas' Begriff vom »Frieden« von demjenigen Kants. Diese paradoxe Erbschaft Kants wird wohl angesprochen mit einem augenzwinkernden Verweis auf jenen Frieden der Kirchhöfe, auf den auch in *Zum ewigen Frieden* ironisch eingegangen wird. Für Lévinas wie für Kant muß der ewige Frieden ein Frieden der Lebenden bleiben.

Will man einen Pluralismus der radikalen Trennung definieren, einen Pluralismus, bei welchem die Pluralität nicht die einer totalen Gemeinschaft ist, Zusammenhalt oder *»Zusammenhang von Elementen, die die Pluralität ausmachen«*, dann muß Pluralität als Frieden gedacht werden:

Die Einheit der Pluralität ist der Friede und nicht der Zusammenhang von Elementen, die die Pluralität ausmachen. Der Friede kann daher nicht ineins gesetzt werden mit dem Ende der Schlachten; die Schlachten enden aufgrund des Mangels an Kämpfenden, dank der Niederlage der einen oder des Siegs der anderen, d. h. sie enden mit den Friedhöfen oder den künftigen universalen Reichen. Der Friede muß mein Friede sein, Friede im Rahmen einer Beziehung, die von einem Ich ausgeht und zum Anderen hinführt, Friede im Begehren und in der Güte, in denen das Ich sich erhält und gleichzeitig ohne Egoismus existiert.[99]

Schon im Vorwort zu *Totalität und Unendlichkeit* wurde der *»Friede der Imperien«* angeprangert – über den auch heute noch sehr vieles zu sagen wäre, weit über die *Pax Romana* hinaus: *»Der Friede der Imperien, die aus dem Krieg hervorgegangen sind, ist auf den Krieg begründet«*, konnte man da lesen.

Ein solcher Friedensbegriff scheint gleichzeitig in die kantsche Richtung zu gehen und sich gegen Kant zu wenden, einen Kant, der seinerseits gleichzeitig christlich und ein Mann der Aufklärung war, einen Kant, der den Frieden rein politisch und vom Staat her dachte, auch wenn das Politische dieser Politik sich selbst gegenüber stets inadäquat bleibt. Die nachdrückliche Kritik am Staat in *Totalität und Unendlichkeit* stellt regelmäßig die *»Tyrannei des Staates«* und die *»anonyme Universalität des Staates«* in Frage.[100] Das Politisch- oder Staatlichwerden der Gastlichkeit entspricht sicherlich einem Drang, es antwortet übrigens einem Appell des Dritten, aber es *»deformiert das Ich und den Anderen«*, es tendiert dahin, Tyrannengewalt einzuführen. Deswegen darf die Politik nicht *»sich selbst«* überlassen bleiben. Sie würde immer *»in Abwesenheit«* urteilen: alles in allem Tote oder Abwesende da, wo sich das Antlitz nicht zeigt, wo niemand »Hier, sieh mich!« sagt. Ort einer zukünftigen Meditation über das, was in Hinblick auf Recht und Politik die *Abwesenheit* bedeuten kann, jenseits des so ergreifenden wie flüchtigen Gebrauchs, den Lévinas von diesem Wort bzw. dieser Figur macht. Heben wir hervor:

> Die Metaphysik oder die Beziehung zum Anderen vollzieht sich als Dienst und als *Gastlichkeit.* In dem Maße, in dem das Antlitz des Anderen uns mit dem *Dritten* in Beziehung setzt, nimmt der metaphysische Bezug von mir zum Anderen die Form des Wir an, *zielt* er *auf* den Staat, die Insitutionen, die Gesetze, die die Quelle der Universalität sind. *Wird aber die Politik sich selbst überlassen, so trägt sie eine Tyrannei in sich.* Sie *deformiert* das Ich und den Anderen, die sie hervorgerufen haben; denn sie urteilt über sie nach den universalen Regeln und ebendamit wie in ihrer *Abwesenheit.*[101]

Das Politische verbirgt, weil es aufzeigt. Es versteckt, was es ins Licht rückt. Dadurch daß es das Antlitz aufzeigt, es in den Raum öffentlicher Phänomenalität zerrt oder lockt, wird dieses gerade unsichtbar gemacht. Die Sichtbarkeit macht ihre

Unsichtbarkeit, den Rückzug der Epiphanie, unsichtbar. Die Gewalt des Politischen mißhandelt das Antlitz noch, indem sie dessen Einzigkeit sich in der Allgemeinheit verflüchtigen läßt. Beide Gewalten sind im Grunde dieselbe, Lévinas verbindet sie, wenn er *»die Aufmerksamkeit gegen den Anderen als Einzigkeit und Antlitz (diese bleiben für das Sichtbare der Politik unsichtbar)«* benennt, die sich *»nur in der Einzigkeit eines Ich ereignen«* kann. Dem läßt er sogleich in Richtung auf eine bestimmte Interpretation Kierkegaards oder Rosenzweigs eine Erläuterung folgen, die wir zitieren und noch einmal einkreisen müssen, um darin ein bestimmtes *»vielleicht«* hervorzuheben:

> So findet sich die Subjektivität im Werk der Wahrheit rehabilitiert, nicht freilich als ein Egoismus, der sich dem System, das ihn verletzt, widersetzt. Gegen diesen egoistischen Protest der Subjektivität – gegen diesen Protest in der ersten Person – hat der Universalismus der hegelschen Wirklichkeit *vielleicht* recht.[102]

»Vielleicht«: vielleicht aber auch läßt sich der Staat gar nicht so leicht anprangern oder gar ausgrenzen.

Sicher ist, daß es einen Frieden, der diesen Namen verdient, im Raum jener *»Tyrannei«* oder jener *»anonymen Universalität«* nicht geben kann. Doch man konnte schon ahnen, die Topologie dieser Politik erscheint in ihren Falzen recht. Denn Lévinas erkennt durchaus an, daß das, was *»sich außerhalb des Staates identifiziert«* (Frieden, Gastlichkeit, Vaterschaft, unendliche Fruchtbarkeit usw.) einen Rahmen *im* Staat hat, *»sich außerhalb des Staates identifiziert, auch wenn der Staat einen Rahmen für ihn bereithält«*.

Diese strukturelle Komplikation des Politischen findet also eine topologische Bestimmung. Weiter oben sprachen wir von einer Enklave der Transzendenz. Die Grenze zwischen Ethischem und Politischem verliert dort für immer die unteilbare

Einfachheit einer Grenzziehung. Was immer auch Lévinas darüber sagt, die Bestimmbarkeit dieser Grenze war nie ungetrübt und wird es niemals sein. Wir können diesen Einschluß des Exzesses oder auch die Transzendenz in der Immanenz in späteren Texten weiterverfolgen, wie zum Beispiel in »Jenseits des Staates im Staate« oder »Der Staat Cäsars und der Staat Davids«. Eine hyperbolische Überschreitung zerlegt die Sich-Immanenz, Zerlegung, die immer auf jenes vorursprüngliche Ex-Eigentum oder jene Ex-Aneignung verweist, welche aus dem Subjekt einen Gast und eine Geisel macht, jemanden, der bei sich zu Hause wie beim Anderen noch *vor* jeder Einladung erwählt, eingeladen *und* besucht wird, der *bei sich wie beim Anderen* ist in einem geschenkten – oder eher noch geliehenen, bewilligten, noch vor jedem Vertrag vorgestreckten – *Bei-sich-zu-Hause*, im *»Anachronismus einer Schuld [...], die der Anleihe vorausgeht«*.[103]

Entsprechend der Logik dieses Vorschusses, einer so friedlichen wie sanften und unabwendbaren Logik, wird der Empfangende empfangen. Er wird zunächst vom Antlitz des Anderen empfangen, den er zu empfangen gedenkt. Obwohl dieser Friede weder staatlich oder politisch ist noch, um mit Kant zu reden, »weltbürgerlich«, läßt Lévinas in seiner Sprache die von Kant mitklingen. Es ist die ironische Anspielung auf den Kirchhof, auf einen Frieden, der nicht der Frieden der Toten sein soll. Wie so oft möchte Lévinas an der Seite Kants bleiben. Noch in dem Moment, wo er sich ihm widersetzt, spricht er in seine Richtung, auch wenn er weder wörtlich noch restlos Kantianer ist.

Heben wir in jener sarkastischen Inszenierung Kants gerade das hervor, was verschwindet, ähnlich einem Detail, auf das man nicht weiter achtgibt. In der Anspielung auf den Frieden der Kirchhöfe werden ein Gastwirt und das Schild einer Herberge, die beherbergt, genannt. Wir werden gleich zu Beginn im Zeichen eines Gastlichkeitszeichens empfangen, dem Aushängeschild für Gastlichkeit, mit dem Scherz eines Hoteliers, dem zweifelhaften Wort eines Gastgebers oder dem schlechten Witz eines Gastwirts. Gleich in der Vorbemerkung, also auf der Schwelle *Zum ewigen Frieden* werden wir aufgenommen von einer Warnung. Und noch vor dieser Warnung steht da der Titel, der nicht nur eines macht: er situiert und verkündet einen Ort, den ewigen Frieden, der dann abgehandelt wird – und das ist auch die Zufluchtsstätte oder das Gasthaus. Indem er das tut, verheißt er, begrüßt er, dediziert er: *Zum ewigen Frieden.* Die ersten Worte Kants warnen uns vor der Verwechslung zwischen zwei Arten von Frieden, der Zufluchtsstätte und dem Kirchhof:

> Ob diese satirische Überschrift auf dem Schilde jenes holländischen Gastwirts, worauf ein Kirchhof gemalt war, die *Menschen* überhaupt, oder besonders die Staatsoberhäupter, die des Krieges nie satt werden können, oder wohl gar nur die Philosophen gelte, die jenen süßen Traum träumen, mag dahin gestellt sein.

Zum ewigen Frieden wäre demnach eine zweideutige Verheißung ewigen Friedens, eine doppelsinnige oder scheinheilige Verheißung bedingungsloser Gastlichkeit. Aber Kant will weder den Friedhof, mit dem uns die Staatsoberhäupter und Falken aller Zeiten drohen, noch den »*süßen Traum*« des pazifistischen Philosophen, der idealistischen und ohnmächtigen Utopie, eines träumerischen Irenismus. Das Recht und die Kosmopolitik der Gastlichkeit, die er als Antwort auf diese schreckliche Alternative vorschlägt, ist eine Summe aus Regeln und Verträgen, eine zwischenstaatliche Konditionalität, die auf dem Hintergrund eines im christlichen Lichte neu interpretierten Naturrechts die Gastlichkeit, welche sie garantiert, begrenzt. Das Asylrecht wird durch solche Regeln äußerst genau festgelegt. Wir haben nicht die Zeit und es ist hier auch nicht der Ort, diesen Text zu analysieren. Es soll lediglich zwischen

Kant und Lévinas ein Unterschied schärfer herausgestellt werden, der heutzutage mehr denn je zählt hinsichtlich jenes Asylrechts und aller Dringlichkeiten, welche die unsrigen sind, überall, wo Millionen von Menschen ohne Aufenthaltsgenehmigung und ohne festen Wohnsitz, in Israel, Ruanda, Europa, Amerika, Asien und allen St.-Bernard-Kirchen der Welt, gleichzeitig ein anderes internationales Recht einfordern, eine andere Politik der Grenzen, eine andere humanitäre Politik, ja, ein humanitäres Engagement, das *effektiv* jenseits nationalstaatlicher Interessen anzusiedeln ist.

VI

Kehren wir für einen Augenblick nach Jerusalem zurück.

»Wir nähern uns den Toren Jerusalems.«

Was ist eine Annäherung? Und nimmt diese Annäherung je ein Ende?

Begeben wir uns nach Jerusalem, ein Jahr nach jener Trennung von der Trennung, nach dem Tod von Emmanuel Lévinas.

Dank ihm gewährt uns das à-Dieu der Trennung noch die Gnade, ihn zu vernehmen und zu lesen, ihn der Spur entsprechend zu empfangen und aufzunehmen.

Wir können über die Möglichkeit einer solchen Chance nachdenken, sie also bestätigen.

Ist das *Zu-Gott-Sagen*, das *à-Dieu-Sagen*, erst einmal in dieser Schrift besiegelt, durchkreuzt es in einem Wort, aber *unendlich*, Begrüßung und Verheißung, Willkomm und Trennung: Willkomm inmitten der Trennung, der heiligen Trennung, im Augenblick des Todes, doch auch bei der Begegnung des Anderen in ebendiesem Augenblick, in der Geste des Empfangs – und immer zum Unendlichen* hin: Adieu.

Ohne Zweifel zum Unendlichen hin, denn das *à-Dieu* besagt zuallererst »die Idee der Unendlichkeit«.

In diesem Sinne ist es auch ein Abschiedsgruß an Descartes. Wir hatten das weiter oben dargelegt[104]; Descartes hätte vielleicht gezögert, Lévinas bei dieser Art der Entfremdung

* Anm. d. Übersetzers: *L'infini* kann im Französischen sowohl *das* Unendliche, *die* Unendlichkeit bedeuten wie auch *der* Unendliche.

eines Erbes zu folgen, was die Idee der Unendlichkeit in mir betrifft. Es muß auch nachgewiesen werden, worin diese Entfremdung besteht, und die Bewegung beschrieben werden, mit der sich Lévinas von Descartes absetzt. Es geht um das Zu-Gott-Sagen, das à-Dieu-Sagen, das *à* in *à-Dieu*, um nichts anderes als die Wendung und Entfremdung dieses *à* bei der Erklärung dessen, was *»Descartes nicht interessierte, dem die Klarheit und mathematische Unterscheidung der Ideen genügten«* – und daß das ganze Paradox der Idee des Unendlichen *»im cartesianischen System der Suche nach einem Wissen untergeordnet«* wurde. Lévinas erkennt die Analogie zwischen seiner Kritik und der von Husserl an Descartes an, während er andererseits doch jene phänomenologische Unterbrechung der Phänomenologie bekräftigt, wovon weiter oben die Rede war, und so nennt er *à-Dieu* jene *»außerordentliche Struktur der Unendlichkeitsidee«*, die weder mit der *»Selbstidentifizierung der Identität«* noch mit dem *»Selbstbewußtsein«* koinzidiert. Das *»à«* nämlich, und darin besteht seine Wendung, wendet sich dem Unendlichen zu. Noch bevor es *sich* solchermaßen wendet, wird es gewendet: von der Unendlichkeit zum Unendlichen. Auch wenn er sich *per definitionem* nicht an dieser Maßlosigkeit messen kann – und Lévinas weist nebenher auf diese Inadäquatheit des *à* in unserer Sprache hin –, tut er es doch in dem Moment, wo er in ebendieser Sprache für sie diesen Rückgriff erfindet.[105] Jene Präposition *à* ist dem Unendlichen vorangestellt, das sich in ihr voranstellt. Das *à* ist nicht nur, nicht einzig bis ins Unendliche offen – so zu *Sagen-zu-Gott, anders gesagt* –, es wendet sich in dessen Richtung und richtet sich, *zuallererst, um darauf zu antworten, zuallererst, um dafür die Verantwortung zu übernehmen*, es richtet sein *»ad«* an die Unendlichkeit, die es ruft und die sich an es richtet, es eröffnet dem Unendlichen seiner Reichweite die Referenz-*à*, die Relation-*à*. Es hat sie seit jeher auf den Exzeß eines Begehrens festgelegt, noch vor allem überhaupt, noch bevor es Gott etwas gibt oder vergibt, noch bevor es ihm gehört, noch vor irgend etwas, dem Sein selber, noch vor jeder Gegenwart – eines Begehrens, das Zu-Gott heißt. Er residiert darin, Gott, der *darin zu residieren begehrt*: im Begehren, das à-Dieu heißt.

Nicht in der Finalität einer intentionalen Meinung denke ich das Unendliche. Mein tiefstes Denken, das alles Denken trägt, mein Denken des Unendlichen, ist die eigentliche Diachronie der Zeit, die Nicht-Übereinstimmung, das Loslassen selbst: eine Weise, ›verurteilt‹ zu sein vor jedem Bewußtseinsakt [...] Eine Weise, verurteilt zu sein, die Hingabe ist. An Gott, der gerade nicht Intentionalität in ihrer noetisch-noematischen Verfassung ist. [...] Das Zu-Gott oder die Idee des Unendlichen ist nicht eine Art, deren Gattung Intentionalität oder Verlangen bezeichnen würden. Die Dynamik des *Begehrens* verweist im Gegenteil auf das Zu-Gott, Denken, das tiefer und älter ist als das cogito.[106]

Warum hier das Begehren benennen? Und sagen, worin es residiert oder *zu residieren begehrt*? und warum es mit dem Namen Jerusalem assoziieren, mit einem gewissen Begehren *von* Jerusalem? mit einem Begehren als dem Begehren, dort zu residieren?

Wir tun das zu einem Zeitpunkt, da wir einen Diskurs über Ethik und Politik der Gastlichkeit abschließen. Doch noch vor dem Versuch einer Antwort auf solche Fragen möchte ich an ein Merkmal erinnern: es kommt nicht selten vor, daß Lévinas, wenn er sagen will, worin das Zu-Gott residiert, in Gott die Liebe zum Fremden anspricht. Gott wäre zuallererst, wie es heißt, der, *»der den Fremden liebt«*.[107] Maßlos, denn die Maßlosigkeit ist auch, so wie das *Nicht-Wechselseitige*, das sich im Tod entscheidet (und darum ist Grüßen ein Adieu), wie die Unterbrechung der Symmetrie oder der Kommensurabilität, ein Strich, ist Bindestrich, könnte man vielleicht auch sagen, Bindestrich, der das Adieu trennt, der Bindestrich des Zu-Gott. Zu-Gott jenseits des Seins, da, wo nicht nur Gott gar nicht existieren muß, sondern da, wo er mir weder zu geben noch zu vergeben hat. Was wären Glaube oder Hingabe an einen Gott, der mich nicht aufgeben könnte? Dessen ich ganz und gar sicher wäre, seiner Fürsorge versichert? Ein Gott, der nur geben oder sich mir hingeben könnte? Der gar nicht anders könnte, als mich zu erwählen? Wäre Lévinas mit diesen letzten Sätzen einverstanden gewesen, daß nämlich das Zu-Gott, so wie der Gruß oder das Gebet, sich an einen Gott richten muß, der nicht nur nicht existieren (nicht mehr oder noch nicht existieren) muß, sondern an einen Gott, der mich preisgeben kann und sich mir nicht zuwendet aus irgendeiner Regung der Vereinigung oder Auserwählung heraus?

Begehren, Liebe zum Fremden, Maßlosigkeit – das wollte ich diesem abschließenden Kapitel als Motto voranstellen – in der Annäherung an Jerusalem.

»Gott, der den Fremden liebt«, mehr noch, als daß er sich zeigte, ist nicht da, jenseits von Sein und Phänomen, jenseits von Sein und Nichts, ein Gott – auch wenn er wortwörtlich nicht *ist*, nicht »vom Sein angesteckt« ist –, der das Zu-Gott und den Gruß und die heilige Trennung dem Begehren als »Liebe zum Fremden« überantworten würde? Vor und jenseits der »Existenz« Gottes, außerhalb seiner wahrscheinlichen Unwahrscheinlichkeit, bis hin zum umsichtigsten und verzweifeltsten und »ernüchtertsten« Atheismus (Lévinas mochte dieses Wort »ernüchtert«) würde das Sagen-zu-Gott Gastlichkeit bedeuten. Nicht irgendeine Abstraktion, die man benennen würde, wie ich das soeben etwas übereilt getan habe: »Liebe zum Fremden«, sondern (Gott) *»der* den Fremden liebt«.

Der den Fremden liebt. Wer liebt den *Fremden*? Wen sonst *lieben*?

Kehren wir für einen Augenblick nach Jerusalem zurück.

Begeben wir uns nach Jerusalem.

Vielleicht sind wir schon in Jerusalem angekommen.

Ist der Schritt einer solchen Rückkehr möglich? Die Möglichkeit mißt sich hier an der Wirksamkeit einer Verheißung. Sicher. Eine Verheißung braucht Zeit, ihre Möglichkeit bleibt wirksam, aber die Ethik erfordert, daß diese Wirksamkeit sich auswirkt, andernfalls verrät die Verheißung die Verheißung und verzichtet auf das, was sie verheißt. Ist die Einlösung einer wirksamen Möglichkeit der Ethik schon Politik? Welche Politik?

Wir befinden uns im irdischen Jerusalem zwischen Krieg und Frieden, in einem Krieg, den man von allen Seiten auf den Plan ruft, ohne an ihn zu glauben, ohne uns ihn einreden zu können, den »Friedensprozeß«. Wir sind in der bedrohten oder bedrohenden Verheißung, in einer Gegenwart ohne Gegenwart, im Herannahen eines verheißenen Jerusalems.

»Was Jerusalem verheißen ist, ist eine Menschheit der Tora«, hat Emmanuel Lévinas einmal gesagt.

Was ist damit gemeint? Wer sind die Gastgeber und die Geiseln Jerusalems? Wie ist das zu verstehen, die *»Menschheit der Tora«*, wenn Lévinas, um die Verheißung zu bestimmen, die diesen Ortsnamen Jerusalem trägt, auf dem Boden, auf einem *»irdischen Jerusalem«* besteht und nicht einem himmlischen, *»nicht jenseits jeden Ortes, in Form frommer Gedanken«*?[108]

Warum deutet er auf einen Empfang hin, der mehr als Empfang wäre, älter wäre oder zukünftiger als ein Empfang? eine eschatologische Gastlichkeit, die mehr wäre als Gastlichkeit, so wie man sie im Recht und in der Politik versteht, eine Gastlichkeit *aus* der Tora, die – mit einem Wort – eher noch eine Zufluchtsstätte wäre? Warum sollte die Ethik der Gastlichkeit noch mehr sein und etwas anderes als Recht auf Asyl und Politik des Asyls?

Solche Fragen stellen sich nicht.

Jedenfalls stellen sie sich niemals an einem Ort der Rast.

Sie würden eine Befragung in Gang setzen, die ihnen rastlos ausgesetzt wäre.

Um ein solches Ausgesetztsein zu skizzieren (wie könnte man in so kurzer Zeit anders verfahren?), wollen wir nur ein paar Wegstrecken dieser außerordentlichen Lektüre- und Interpretationswanderung herausstellen, der wir Wort für Wort folgen sollten, Schritt für Schritt, in *Jenseits des Buchstabens*, noch genauer im Kapitel »Asylstädte«.[109]

Etwa zwanzig Seiten. Die subtile Bewegung dieser Exegese ist gleichzeitig differenziert, geduldig, erfinderisch, umsichtig *und* gewagt und offen – und so gemessen in ihrem Schwung, so angespannt, daß ich kaum wage, das Risiko auf mich zu nehmen, sie anzuhalten oder sie gar kurz, entsprechend der plumpen Pädagogie einer Abschnitts- und Argumentenfolge, zu artikulieren. Dennoch werde ich mich an ihr versuchen, doch nur um Sie eingangs dazu aufzurufen, zu dem zurückzukehren, was sich an diesem Ort ankündigt.

Es würde zweifelsohne ausreichen, mit Hilfe einer Ellipse auch an die weibliche Gestalt Jerusalems zu erinnern. Sie könnte das wieder wachrufen, was zuvor, befragend, über Gastlichkeit zu hören war, über das weibliche Sein, welches als *»gastlicher Empfang schlechthin«*, *»das Empfangende schlechthin«*, *»das Empfangende an sich«* gedacht wird.

Begehren, wohnen. Ein Psalm, der die Erwählung Zions durch das Begehren des I$^{\text{adonaï}}_{\text{HV}}$H, ja, das Begehren des I$^{\text{adonaï}}_{\text{HV}}$H besingt, benennt in Jerusalem die für die Bleibe auserkorene Geliebte oder Gattin. In Zion hat Gott *Lust zu wohnen, »hier will ich wohnen, denn es gefällt mir wohl«*, heißt es in der Übersetzung [von Luther]. Lust zu wohnen – ein Wort sozusagen, ein und dieselbe Bewegung, denn es gibt kein Begehren ohne jenen Wahlanspruch, ohne jenes ausschließliche Verlangen nach einer besonderen Wohnstatt:

Denn der Herr hat Zion erwählt,
und hat Lust, daselbst zu wohnen.
Dies ist meine Ruhe ewiglich, hier will ich wohnen;
denn es gefällt mir wohl.[110]

Sagt Lévinas etwas anderes, wenn er entsprechend der Figur eines anderen Psalms (122,3) ein Jerusalem beschreibt, »gebaut, daß es eine Stadt sei, da man zusammenkommen soll«?, hier die Zusammenkunft zwischen der himmlischen Höhe Gottes und dem irdischen Diesseits?

Lévinas untersucht beide Interpretationen dieser Figur, die zionistische und die universalistische, zieht ihnen aber eine dritte Bedeutung vor, der zufolge es kein religiöses Heil gibt (vertikale Dimension) ohne Gerechtigkeit in der irdischen Stadt und der Bleibe der Menschen (horizontale Dimension). Und zu dieser *»dritten Bedeutung«* hin erhebt sich eine Meditation über das Jerusalem der Tora im *»Kontext des humanistischen Städtebaus der Asylstädte«*[111], der *»Menschlichkeit bzw. Menschenfreundlichkeit der Asylstädte«*.[112]

Danach häufen sich die Anspielungen auf das, was so etwas für uns aktuell bedeuten kann, auf *»Volkszorn, Auflehnung oder gar [...] Straftaten in unseren Vorstädten, als Resultat des sozialen Ungleichgewichts, in dem wir uns eingerichtet haben«*.[113] *»... sind unsere Städte da nicht auch Asylstädte, Städte von Exilierten?«* (Ebd.)

Diese Lektüre eines Auszugs aus dem Traktat *Makkot*, 10a, lehnt sich genauer noch an den Begriff einer Asylstadt an, so wie Gott sie einzurichten – entsprechend *Numeri* XXXV – dem Moses aufgetragen hat, nämlich jedem, der ohne Tötungsabsicht getötet hat und vom Bluträcher oder einem »Erlöser des vergossenen Blutes« verfolgt wird, in ihr Asyl zu gewähren. Es geht darum, den unfreiwilligen Mörder, der einem »Bluträcher« ausgesetzt ist, zu beherbergen, um so sein Heil zu gewährleisten. Es geht darum, an den Toren der Stadt einen Rächer aufzuhalten, der sich berechtigt fühlt, sich da Gerechtigkeit zu verschaffen, wo das Gericht nicht in der Lage ist, einen »aus Versehen« Schuldigen zu verurteilen, jemand, der ohne Tötungsabsicht getötet hat.

Allererstes Anliegen von Lévinas: zeigen, daß diese göttliche Weisung befiehlt, Recht zu schaffen – in Wahrheit ein Gegenrecht, welches erlaubt, den unfreiwilligen Mörder gegen das *»am Rande anerkannte Recht«* des Bluträchers zu schützen. Diese von Lévinas gepriesene Gegenrechtsprechung ist sogar ziemlich ausgeklügelt, denn indem sie das dem Mörder gewährte Asyl zeitlich begrenzt, kann das Asyl in ein Exil umgewandelt werden – und die Gastlichkeit in Bestrafung. Der objektive bzw. unfreiwillige Mord muß nämlich gar nicht für restlos unschuldig erklärt werden. Lévinas besteht auf dieser doppelten Zweckbestimmtheit. Gerade sie könnte uns daran erinnern, daß es keine so große Diskontinuität zwischen gewolltem und nicht gewolltem Mord gibt. Diese manchmal unsichtbare, doch immer herauszufindende Kontinuität verpflichtet uns, unsere Verantwortlichkeit zu verunendlichen: wir sind auch verantwortlich für unsere Achtlosigkeit und Unvorsichtigkeit, für das, was wir weder absichtlich noch aus freien Stücken tun, ja, für das, was wir unbewußt – doch stets auf bezeichnende Weise – tun. Etwas weiter taucht eine noch radikalere Formel auf: *»Es gibt nur eine Sorte von Mördern, ob das Verbrechen nun willentlich oder unwillentlich geschah.«*[114]

Doch das ist nur ein erster Schritt. Folgt man der Spur eines anderen Verses, müßte man sich fragen, warum vorgeschrieben ist, daß ein Meister der Tora seinem Schüler zu folgen hat, wenn dieser eine Asylstadt zu seinem Exil macht. Soll man daraus schließen, daß die Tora selber geschützt werden muß und auf ein Asylangebot im Exil einer Asylstadt angewiesen ist? *»Ist die Tora nicht so gut wie eine Asylstadt?«* fragt sich Lévinas.

Weiß man das nicht aus der folgenden – »fragwürdigen« – Auslegung [etwas weiter ist von ihr als »Scheinhermeneutik« die Rede]:

Wie ist das möglich? Hat denn Rabbi Jochanan nicht gesagt: »Woher wissen wir, daß die Worte der Tora eine Zuflucht sind?« Weil es heißt (Dt 4,43): »Und das war Becer die Wüstenstadt« [die Moses ausgewählt hatte], und gleich darauf (Dt 4,44): »Dies also ist die Weisung Mosches.«[115]

Nachdem Lévinas ihr einen gewissen Kredit eingeräumt hat, diese »scheinhermeneutische« *»Auslegung«* noch weiter gedeutet bzw. diskutiert hat, geht er noch einen Schritt weiter. Dieser würde uns über *»die edle Lehre von der Asylstadt, von der Nachsicht und vom Verzeihen«* hinausführen. Denn trotz der juristischen Ausklügelung, die sie einführt, vielleicht gerade wegen dieser Kasuistik, bleibt die *»edle Lehre«* zweideutig hinsichtlich der Tora. Diese nämlich verlangt nach mehr, sie verlangt von Jerusalem mehr, sie fordert in Jerusalem mehr.

Die *Tora* ist Gerechtigkeit, umfassende Gerechtigkeit, über die mehrdeutigen Situationen der Asylstädte hinausgehend. Umfassend, weil sie in ihrer Art, etwas zu sagen, und in ihren Inhalten zu absoluter Wachsamkeit aufruft. Das große Erwachen, aus dem jede Unaufmerksamkeit, auch die des unfreiwilligen Totschlags, ausgeschlossen ist. Durch diese *Tora* wird sich Jerusalem definieren, Jerusalem, das demzufolge die Stadt der extremen Bewußtheit ist. Als sei das Bewußtsein unseres Alltagslebens noch immer eine Art Schlaf, als hätten wir noch nicht im Wirklichen Fuß gefaßt.

Wir nähern uns den Toren Jerusalems.[116]

Umfassende Gerechtigkeit, Jerusalem-Tora. Gerechtigkeit aber, deren äußerste Wachsamkeit verlangt, daß sie effektiv wird, daß aus ihr ein Recht und eine Politik entstehen. Auch hier wieder muß jenseits des Staates *im* Staate, jenseits des Rechts *im* Recht – als Geiselverantwortung im Hier und Jetzt – das Gerechtigkeitsgesetz, welches das Politische und Juristische im philosophischen Sinne dieser Termini transzendiert, sich alles bis hin zum Exzeß und zur Obsession unterwerfen, was das Antlitz übersteigt im Von-Angesicht-zu-Angesicht bzw. in der Unterbrechung des Dritten, der die Forderung nach Gerechtigkeit als Recht unterstreicht.

Es ist durchaus angebracht, immer wieder darauf zu beharren: auch wenn sie definiert wird als Unterbrechung des Von-Angesicht-zu-Angesicht, so handelt es sich bei der Erfahrung des Dritten – Ursprung der Gerechtigkeit und der Frage als Infragestellung – nicht um ein sekundäres Dazwischentreten. Die Erfahrung des Dritten ist vom ersten Augenblick an *unausweichlich*, und unausweichlich im Antlitz; auch wenn sie das Von-Angesicht-zu-Angesicht unterbricht, sie gehört zu ihm wie die Unterbrechung des Sich, sie gehört zum Antlitz, sie kann sich nur durch es hindurch ereignen: *»Die Offenbarung des Dritten, der im Antlitz unausweichlich ist, ereignet sich nur durch das Antlitz hindurch.«*[117]

Es ist so, als ob die Einzigkeit des Antlitzes in ihrer absoluten und unwiderlegbaren Einmaligkeit *a priori* vielzählig wäre. Dem trägt Lévinas Rechnung, wenn man so sagen kann, seit *Totalität und Unendlichkeit*[118], wir hatten nachdrücklich darauf hingewiesen, lange bevor die schon 1961 entworfene Logik der Stellvertretung[119] in *Jenseits des Seins* ... entwickelt werden konnte ... Besteht nicht der erste Affekt des in seiner Selbstheit befangenen Subjekts in der ganz allgemeinen Möglichkeit seiner Stellvertretung als simultaner Bedingung, paradoxer Wechselseitigkeit (Bedingung der Nichtwechselseitigkeit) des Einzigen und seiner Ersetzung, einem so unhaltbaren wie festgeschriebenen Platz, Stätte des Einzigartigen als Ersetzbaren, unabwendbarer Platz des Nächsten und des Dritten? So verstanden kündigt die Stellvertretung das Geschick der Subjektivität an, die Unterwerfung des Subjekts, den Gast und die Geisel: *»Das Subjekt ist ein Gast«* (*Totalität und Unendlichkeit*), *»das Subjekt ist eine Geisel«* (*Jenseits des Seins* ...). Als Gast oder als Geisel, als Anderer, als reine Andersheit muß die so analysierte Subjektivität von jedem ontologischen Prädikat befreit werden, so etwa wie jenes reine Ich, von dem Pascal sagte, daß es aller Eigenschaften entledigt worden sei, die man ihm hätte zusprechen können, von allen Eigenarten, die es folglich als reines, buchstäblich reines Ich transzendiert bzw. verläßt. Ebensowenig wie das Ich läßt sich auch der Andere nicht auf seine effektiven Prädikate reduzieren, auf das, was man definieren oder thematisieren könnte. Er ist nackt, bar jeder Eigenart, und diese Blöße stellt auch seine ganz und gar freigelegte Verwundbarkeit dar: seine Haut. Zweifelsohne ist es diese Abwesenheit einer bestimmbaren Eigenart, eines konkreten Prädikats, einer empirischen Sichtbarkeit, die dem Antlitz des Anderen eine gespenstische Aura verleiht, vor allem wohl dann, wenn sich diese Subjektivität des Gastes als die Heimsuchung eines Antlitzes zu erkennen gibt. Ob *Gastgeber* oder *Gast*, es geht nicht nur um eine Geisel. Auf jeden Fall wäre es einer tiefen Notwendigkeit zufolge die Gestalt eines Gespinstes oder Phantoms (*Geist**, *ghost*). Irgendwann machte sich jemand in Gegenwart von Lévinas Gedanken über den »gespenstischen Charakter« seiner Philosophie, insbesondere da, wo das »Antlitz des Anderen« behandelt wird. Lévinas protestierte nicht auf direkte Weise. Zwar griff er das Argument auf, das ich soeben »pascalinisch« genannt habe (»der Andere soll unabhängig von seinen Eigenschaften empfangen werden«), doch er legte genauen Wert auf das Wort »empfangen«, und dabei vor allem auf »unmittelbar«, dringlich, ohne zu zögern, so als ob die Eigenschaften, Attribute, »realen« Eigenarten (alles, was bewirkt, daß ein Lebewesen kein »Phantom« ist) die Reinheit des Empfangs verlangsamen, mediatisieren oder kompromittieren könnten. Man soll den Anderen in seiner Andersheit empfangen, ohne abzu-

* Anm. d. Übersetzers: *Geist* auf deutsch im Original.

warten, sich also nicht damit aufhalten, erst seine realen Prädikate zu erkennen. Noch vor deren Wahrnehmung muß der Andere aufgenommen werden, auch auf die stets beunruhigende, seltsam beunruhigende – beunruhigend wie der Fremde (*unheimlich**) – Gefahr einer Gastlichkeit hin, die dem Gast wie einem *ghost* oder *Geist*** gewährt wird. Keine Gastlichkeit ohne diesen Einsatz des Gespensterhaften. Allerdings ist dieses Gespensterhafte etwas, das über die ontologischen Gegensätze, Sein und Nichts, Leben und Tod hinausweist, sie also dekonstruiert – und das außerdem gibt. Es kann geben und Befehle geben und vergeben, es steht ihm auch frei, es nicht zu tun, so wie Gott jenseits des Wesens. Gott ohne Sein, vom Sein nicht angesteckt – ist das nicht die genaueste Definition des Antlitzes oder des Ganz-Anderen? Doch ist das nicht auch eine so geistige wie geisterhafte Apperzeption?

Ist es letztlich unbedeutend, ob die Asylstadt zunächst einmal mehr als nur Verheißung ist? Es handelt sich um einen Befehl, gegeben in einer Situation, in welcher ohne Absicht getötet wurde – doch auch um den Befehl, einen Mörder vor dem Tod zu bewahren, der von der geisterhaften Rückkehr des Opfers, von der Vergeltung des verfolgten Gespenstes, von Rächern verfolgt wird, die entschlossen sind, ihrerseits zu töten. Von daher die extreme Zweideutigkeit: ein unfreiwillig Schuldiger soll beherbergt werden, einem Mörder noch soll Straffreiheit gewährt werden, jedenfalls eine provisorische Straffreiheit.

Mag die Tora, die Tora in Jerusalem, die Jerusalem-Tora auch über diese politische Ambiguität bzw. über die juristische Zweideutigkeit, von der diese *»edle Lehre«* von den Asylstädten zeugt, hinausgehen, sie muß die Verheißung auch *in* das irdische Jerusalem einschreiben. Und danach muß sie zu

* Anm. d. Übersetzers: *unheimlich* auf deutsch im Original.

** Anm. d. Übersetzers: *Geist* auf deutsch im Original.

dem Befehl übergehen, Unvergleichliches miteinander zu vergleichen (Definition der Gerechtigkeit, einer pflichtschuldig der Synchronie, der Kopräsenz, dem System und schließlich dem Staat gewährten Konzession). Sie muß gebieten, das nicht zu Verhandelnde zu verhandeln, um das *»Beste«* oder das am wenigsten Schlimme herauszufinden.

Nichts fällt ernster ins Gewicht, nichts wiegt schwerer als die Anführungszeichen, die das Wort *»Beste«* umgeben, das beste Wort. Die *»politische Zivilisation«* ist besser als Barbarei, aber sie ist bloß *»besser«*, das heißt weniger schlimm. Sie ist nicht gut, aber sie ist ein Notbehelf. Ein Notbehelf allerdings, auf den man zugehen *muß*, auf den zuzugehen man nicht versäumen darf. Denn am Ende dieses Textes werden wir noch vor einem Zionismus gewarnt, der bloß Politik wäre, *»ein Nationalismus oder Partikularismus mehr«*:

Genau in diesem Gegensatz zu den Asylstädten versteht man den Anspruch der *Tora*, durch den sich Jerusalem definieren läßt. Die Asylstadt ist die Stadt einer Kultur, einer Menschheit, die subjektive Unschuld schützt und objektive Schuld, wie auch alle Widerlegung der Absichten durch die Taten, vergibt. Eine politische Kultur, »besser« als die der Leidenschaften und Begierden, die sich frei nennen, welche, überläßt man sie dem Zufall ihrer Ausbrüche, eine Welt zur Folge haben, in der, nach einer Formulierung der *Pirke Avot*, »die Menschen bereit sind, einander lebend zu verschlingen«; eine Rechtskultur gewiß, aber eine politische Kultur von heuchlerischer Gesetzlichkeit, in der mit unbestreitbarem Recht der Bluträcher umgeht.

Was Jerusalem verheißen ist, ist eine Menschheit der *Tora*. Die tiefen Widersprüche, die es in den Asylstädten noch gibt, wird sie überwunden haben: neue Menschheit, überlegen, besser als ein Tempel. Unser von den Asylstädten ausgehender Text erinnert uns oder lehrt uns, daß das *Streben* nach Zion, daß der Zionismus nicht etwa ein Nationalismus mehr oder Partikularismus mehr, daß er auch nicht bloßes Suchen nach einer Zuflucht ist. Daß er *Hoffnung* auf die Wissenschaft einer vollkommenen Gesellschaft und auf diese Gesellschaft selbst ist. Und das in Jerusalem, im irdischen Jerusalem, und nicht jenseits jeden Ortes, in Form frommer Gedanken.[120]

Läßt sich diese Verheißung nicht vernehmen?

Man kann sie auch empfangen und hören. Man kann sich sogar von ihr in die Pflicht genommen fühlen, ohne sich deswegen dem Schweigen zu verschließen, das sie mitten im Rufen in sich birgt. Dieses Schweigen kann auch wie ein Hiatus in Erscheinung treten, das heißt wie ein Mund, der sich öffnet, um zu sprechen und um zu essen, aber ein noch stummer Mund.

Ich meinerseits meine, dieses Schweigen zu vernehmen in diesem abschließenden Text, der *»Hoffnung«* sagt jenseits der *»Zufluchtsstätte«*. Denn nichts ist in ihm bestimmt, ich würde sogar so weit gehen zu sagen, nichts ist in ihm bestimmbar von der »besseren« Politik, vom »besseren« Recht, und sei es das Kriegsrecht und das Recht der Menschen, nichts was in einer Welt, in der das Gesetz moderner Nationalstaaten herrscht, in der *»scheinheiligen politischen Zivilisation«*, nichts was im irdischen Jerusalem heute und morgen dieser Verheißung am »besten« oder am wenigsten schlimm entsprechen würde.

Um es mit einem klassischen philosophischen Diskurs zu sagen: Schweigen wird gewahrt, was die Regeln oder die Schemata angeht (Kant zufolge gibt es keine für die reine praktische Vernunft), die uns die »besten« oder am wenigsten schlimmen Vermittlungen liefern könnten: zwischen der Ethik und der Heiligkeit der messianischen Gastlichkeit einerseits und dem »Friedensprozeß«, dem Prozeß des politischen Friedens andererseits.

Dieses Schweigen erreicht uns aus einem Abgrund.

Vielleicht ähnelt es demjenigen – vielleicht ist es nur dessen Echo, dieses Schweigen, vielleicht –, aus dessen Grund Elia einen Ruf vernahm, er allein (»Was hast du hier *zu tun*, Elia?«), aus dem Grunde einer Stimme, die kaum eine Stimme war, einer Stimme, die nur mit Mühe zu hören war, einer Stimme, die kaum von einer leichten Brise zu unterscheiden war, einer Stimme so dünn wie das Schweigen, eine »Stimme tiefsten Schweigens«, wie man sagt, aber eine Stimme, auf die Elia erst stieß, nachdem er vergeblich auf dem Berg die Gegenwart Gottes gesucht hatte, erst im Windhauch, dann im Erdbeben, danach im Feuer, eine Stimme, die Fragen stellt (»Was hast du hier zu tun? Du hier?«) und die befiehlt: »Gehe!«[121]

Das Schweigen dieser Stimme ist unnachgiebiger als der Windhauch, das Erdbeben und das Feuer, jedenfalls ist es nicht irgendein Abgrund und es ist nicht unbedingt ein schlimmer Abgrund. Man kann sogar versuchen, seinen Rand einzukreisen. Was ihm entsteigt, ist kein Schweigen über die Notwendigkeit eines *Verhältnisses* zwischen Ethik und Politik, Ethik und Gerechtigkeit oder Recht. *Es braucht dieses Verhältnis,* es muß existieren, es muß aus der Ethik eine Politik und ein Recht ableiten. Es braucht diese Ableitung, um das »Beste« oder das »geringere Übel« bestimmen zu können mit allen Anführungszeichen, die sich aufzwingen: Demokratie ist »besser« als Tyrannei. Die *»politische Zivilisation«* bleibt bis in ihre *»scheinheilige«* Natur »besser« als Barbarei.

Welche Schlüsse soll man daraus ziehen? Hätte Lévinas denjenigen zugestimmt, die wir bis hierher zu formulieren gewagt haben, und denjenigen, die wir jetzt vortragen? Welches auch immer unser Treuebegehren sein mag, wir können auf diese Frage nicht antworten, wir *müssen* nicht so tun, als könnten wir es, müssen auch nicht geradestehen für das, was Lévinas selber darauf geantwortet hätte. Zum Beispiel in Hinblick auf das, was wir weiter oben über den Eidbruch der Gerechtigkeit gesagt haben, und in Hinblick auf die Buchstäblichkeit dessen, was folgt, da, wo ich jenes Schweigen zwischen der Ethik und der Politik, der Ethik und dem Recht auslege.

Wie sollte man dieses Schweigen vernehmen? Und wer kann es vernehmen?

Mir scheint es folgendes zu diktieren: die *formale* Anweisung einer Ableitung bleibt unwiderlegbar, und sie erwartet nichts weniger als den Dritten oder die Gerechtigkeit. Die Ethik schreibt eine Politik und ein Recht vor; diese Abhängigkeit und die Richtung einer derart bedingten Ableitung sind so unumstößlich wie unbedingt. Doch der solchermaßen zugestoßene politische oder juristische *Inhalt* bleibt dagegen unbestimmt und immer jenseits des Wissens und aller möglichen Vorgaben, Begriffe und Eingebungen zu bestimmen, einzigartig, mit den Worten und der Verantwortlichkeit, die jeder in jeder Situation von einer jeweils einmaligen Analyse aus *auf sich nimmt* – einmalig und unendlich, einmalig, doch *a priori* einer Stellvertretung ausgesetzt[122], einmalig und dennoch allgemein, endlos trotz der Dringlichkeit einer Entscheidung. Denn die Analyse eines Kontextes und politischer Motivationen kommt niemals an ein Ende, sobald sie in ihre Berechnung eine Vergangenheit und eine grenzenlose Zukunft einschließt. Wie immer bleibt die Entscheidung der Berechnung, dem Wissen, der Wissenschaft und dem Bewußtsein gegenüber heterogen, obwohl diese sie bedingen. Das Schweigen, von dem wir sprechen, das Schweigen, dem wir unser Ohr zuneigen, ist die grundlegende und entscheidende Zwischenzeit, die einen Augenblick dauernde Zwischenzeit der Entscheidung, die Zwischenzeit, welche die Zeit durcheinanderbringt, aus den Angeln hebt (*»out of joint«*) und in Anachronie und Unzeit versetzt: immer dann, wenn sich das Gesetz des Gesetzes sich selber, *aus sich selber*, dem Nicht-Gesetz überantwortet und gleichzeitig Gast und Geisel wird, Gast und Geisel des Anderen, immer dann, wenn das Gesetz des Einzigen sich der Stellvertretung und dem Gesetz der Allgemeinheit ausliefern muß – wenn nicht, würde man einer gesetzlosen Ethik gehorchen müssen –, immer dann, wenn das »Du sollst nicht töten«, in dem sich die Tora und das Gesetz des messianischen Friedens zusammenfinden, doch noch befiehlt (welchem Staat auch immer, dem Cäsars oder dem Davids), eine Armee auszuheben, Krieg zu führen oder als Polizei aufzutreten, Grenzen zu kontrollieren – zu töten. Wir wollen solche Evidenzen nicht mißbrauchen, aber wir wollen sie auch nicht allzu rasch vergessen.

Denn das Schweigen, von dem aus wir sprechen, ist der Nicht-Antwort sicher nicht fremd, mit der Lévinas häufig den Toten, die Tote, den Tod definiert, der nicht Nichts bedeutet. Diese Nicht-Antwort, diese Unterbrechung der Antwort wartet nicht auf einen Tod ohne Satz, sie rückt die Sätze auseinander, unterbricht sie. Der Hiatus, das Schweigen dieser Nicht-Antwort, was die Schemata zwischen Ethischem und Politischem angeht, verharrt. Es ist eine Tatsache, daß er verharrt, und diese Tatsache ist keine empirische Kontingenz, sie ist ein *Faktum.*

Er muß aber auch zwischen der messianischen Verheißung und der Bestimmung einer Regel, einer Norm oder eines politischen Rechts verharren. Er markiert eine Heterogeneität, eine Diskontinuität zwischen Ordnungen, und sei es innerhalb des irdischen Jerusalems. Zwischenzeit einer Unentschlossenheit, von der aus allein eine Verantwortung *übernommen* bzw. eine Entscheidung *getroffen* werden muß. Es kann sogar nur von dieser Nicht-Antwort aus das Wort *ergriffen* und vor allem *erteilt* werden, nur von da aus kann irgendwer den Anspruch darauf erheben, »das Wort zu ergreifen«, das Wort in der Politik zu ergreifen aus Treue zum gegebenen Wort, zum »Ehrenwort«, von dem wir anfangs gesprochen hatten.

Dieses Schweigen ist also auch das eines gegebenen Wortes.

Es schenkt das Wort, es ist eine Gabe des Wortes.

Diese Nicht-Antwort bedingt meine Verantwortung da, wo es mir allein zufällt zu antworten. Ohne das Schweigen, ohne den Hiatus, der nicht die Abwesenheit von Regeln bedeutet, sondern die Notwendigkeit eines Sprungs hin zum Moment einer ethischen, juristischen oder politischen Entscheidung, bräuchten wir nur unser Wissen in einem Handlungsprogramm abzuspulen. Doch nichts wäre unverantwortlicher und totalitärer.

Eine solche Diskontinuität würde uns im übrigen erlauben, all das zu unterschreiben, was Lévinas über den Frieden oder die messianische Gastlichkeit mitgeteilt hat, über das Jenseits des Politischen im Politischen, ohne daß wir alle »Meinungen« teilen müßten, die in seinem Diskurs auf eine innerpolitische Analyse der realen Situationen bzw. der heutigen Tatsachen des irdischen Jerusalems, wenn nicht eines Zionismus verweisen, der nicht ein weiterer Nationalismus wäre (denn wir wissen besser denn je: alle Nationalismen beanspruchen, beispielhaft universell zu sein, jeder von ihnen beruft sich auf diese Beispielhaftigkeit und will mehr als nur ein weiterer Nationalismus sein). Auch wenn es *in der Tat* schwerzufallen scheint, den Glauben an die Auserwählung aufrechtzuerhalten, und vor allem an die Auserwählung eines ewigen Volkes, gefeit vor jeder (im modernen Wortsinn) »nationalistischen« Versuchung – auch wenn es schwerzufallen scheint, sie in der politischen Effektivität von jeder Nationalstaatlichkeit (und nicht nur der Israels) zu trennen, muß man Lévinas eines bestätigen: er wollte immer seine (so zentrale, so starke, so bestimmende) Thematik der Erwählung von jeder nationalistischen Verführung freihalten. Dafür ließen sich Tausende von Beweisen anführen. Begnügen wir uns damit, unter all den herausragenden politischen Artikeln aus den Jahren zwischen 1935 und 1939[123] an diejenigen zu erinnern, welche die Allianz stets über einen »jüdischen Nationalismus« oder jenseits von ihm gestellt haben.[124]

Derselbe Hiatus befreit auch den Raum, er kann seine Stelle weitergeben an eine empfindliche, schwierige, aber notwendige analytische Trennung in der Struktur der Argumente und am Ort der Aussagen. So zum Beispiel im Diskurs von

Lévinas. Darf ich es wagen zu sagen, daß ich in der treuen Bewunderung und Hochachtung, die ich Emmanuel Lévinas schulde, mir immer das Recht herausnehme und meine, es mir herausnehmen zu dürfen, zu einer solchen Analyse, ja, zur Diskussion dieses oder jenen Satzes in einem Text, der nur deswegen homogen sein kann, weil er sich zu unterbrechen weiß? Denn derselbe Text, das sollten wir nicht vergessen, gibt einen dem Sagen inhärenten Widerspruch zu bedenken, das was wir eine Kontra-Diktion genannt haben, eine intime Zäsur, die aber die Eingebung und die Grundatmung des Sagens ist.

Ist eine solche Diskussion nicht gerade da notwendig, wo es um die Verantwortung gegenüber dem Anderen geht im Von-Angesicht-zu-Angesicht oder in der Aufmerksamkeit gegenüber dem Dritten, an eben dem Ort, wo die Gerechtigkeit ein nicht dialektisierbarer Wider-Spruch ist?

Dieselbe Analysepflicht könnte mich dazu anspornen, mit allen Konsequenzen, die sich daraus ergeben würden, ein strukturelles Messiastum, eine unwiderlegbare und bedrohende Verheißung, eine Eschatologie ohne Teleologie von jedem bestimmten Messianismus zu trennen: ein Messiastum noch vor einem Messianismus – oder ohne ihn, verkörpert durch eine an einem bestimmten Ort mit dem Namen Sinai oder Berg Horev gegebene Offenbarung.

Doch ist es nicht Lévinas selber, der uns in mehr als einem Sinne von einer Offenbarung der Tora noch vor Sinai träumen ließ? Oder genauer noch von einer *Anerkennung* der Tora noch vor jener Offenbarung?

Und Sinai, der Eigenname *Sinai*, ist er Träger einer Metonymie? oder einer Allegorie?[125] oder ist er der Nominalkörper einer kaum zu entziffernden Auslegung, die, ohne daß sie unsere Gewißheit nötigen würde, uns an das erinnert, was noch *vor* Sinai eingetroffen ist, gleichzeitig das Antlitz, der Rückzug des Antlitzes und das, was im Namen des Dritten, das heißt der Gerechtigkeit, im Sagen dem Sagen widerspricht? Sinai: die Kontra-Diktion selber.

Was ich alles in allem nahelegen wollte, kommt hier zum Erzittern und kommuniziert vielleicht zitternd eine Beunruhigung, etwas wie Furcht und Zittern vor dem, was »Sinai«, der Eigenname, bedeutet, was sich so nennt und uns ruft, was von diesem Namen aus für diesen Namen geradesteht.

Der Eigenname »Sinai« könnte so rätselhaft werden wie der Name »Antlitz«. Im Singular wie im Plural bei bleibendem Andenken an sein hebräisches Synonym beginnt das, was sich hier »Antlitz« nennt, auch irgendeinem unübersetzbaren Eigennamen zu ähneln. Doch dem wäre so nur kraft eines Übersetzungsereignisses.

Kraft einer *anderen Übersetzung*, eines anderen Übersetzungsdenkens. Von einem Vorgestern ohne Gestern aus. Von einem Vorursprünglichen ohne Ursprüngliches aus. Denn »Antlitz« und »Antlitze« – es müßte gleichzeitig im Singular und im Plural geschrieben werden, entsprechend dem Einzigen, entsprechend dem Von-Angesicht-zu-Angesicht und entsprechend dem Mehr-als-Zwei des Dritten –, *Antlitze* also, ist das nicht auch mehr als nur ein uralter Name, ein im Französischen neuentdeckter pluraler Singular, ein Gedicht, das seinerseits eine andere französische Sprache einrichtet, die uns überreicht wird mit der Komposition eines neuen Akkords, eine für den anderen Menschen noch unerhörte Sprache, für den Menschen als Anderen oder Fremden, für jemanden ganz anders, für das Andere *des* Menschen bzw. das Anders-als-der-Mensch?

Genau so eine Namengebung wäre der französischen Sprache eingerichtet worden. Sie wurde in sie übersetzt, sie hat sie heimgesucht, sie ist jetzt deren Geisel, so wie ein Eigenname, der außerhalb der französischen Sprache unübersetzbar bleibt.

Wer war der Gast(geber) in dieser Geschichte? Wer wird es sein?

Das Wort *à-Dieu* gehört zu demselben Akkord. Noch vor dem Namen, vor dem Verb, aus dem Grunde des Rufs oder des stillen Grußes gelangt es bis hin zur Namengebung, um den Namen beim Namen zu nennen. à-Dieu, ohne Nomen, ohne Verb, ganz dicht am Schweigen, in Harmonie mit dem Antlitz.

Nur: »... wir begegnen dem Tod im Antlitz des Anderen.«[126]

Wir haben vorhin an den unendlichen Sinn von *Zu-Gott* erinnert, an die Unendlichkeitsidee, die das Denken, das *cogito* und die noetisch-noematische Intentionalität usw. überflutet. Man würde aber das Idiom neutralisieren, würde man sich damit begnügen, *à-Dieu* mit »Idee des Unendlichen im Endlichen« zu übersetzen und seinen Sinn auf diese Idee, auf dieses Überfluten an Sinn zu reduzieren. Man würde es zum Vorwand nehmen, um den Tod zu vergessen. Das ganze Denken von Lévinas aber war von Anfang bis Ende eine Meditation über den Tod, eine Meditation, die all das abwehrte, verwirrte, aus der Fassung brachte, was in der Philosophie, von Platon bis zu Hegel und Heidegger, auch und zuallererst in Sorge um den Tod *epimeleia thanatou, Sein zum Tode,* war.* Als er den Gedanken des *à-Dieu* neu erfand, dachte Lévinas natürlich all das, an was wir hinsichtlich dieses Wortes erinnert haben, doch ohne sich von dem zu entfernen, was er lehrend über den Tod mitzuteilen hatte – gegen die philosophische Tradition oder im Abstand zu ihr. Und das nicht zum ersten Mal, aber insbesondere in seinen Vorlesungen über *La mort et le temps* und vor allem in seinem Artikel »La conscience non intentionnelle« [»Das nicht-intentionale Bewußtsein«] aus dem Jahre 1983. Zweifelsohne zeugt das *à-Dieu* vom Überschuß eines Unendlichen an Sinn, aber in der Stunde des To-

* Anm. d. Übersetzers: *Sein zum Tode* auf deutsch im Original.

des, wenn ich so sagen darf. Und von einem Tod, den man nicht mehr angehen soll entsprechend der Alternative von Sein und Nichts. So heißt denn in der Stunde dieses Todes der Gruß bzw. der Ruf *à-Dieu*. Lévinas hat an die »extreme Redlichkeit des Antlitzes« erinnert, aber auch an die »Redlichkeit einer wehrlosen Auslieferung an den Tod« und an »eine Forderung, die aus dem Grunde einer absoluten Einsamkeit an mich gerichtet wird«. Über diese Forderung käme mir das zu, allerdings auch als ein Auferlegtes, »was man das Wort Gottes nennt«. Es läßt sich im Zu-Gott vernehmen:

> Der Ruf Gottes stiftet kein Verhältnis zwischen mir und Ihm, der zu mir gesprochen hat; er stiftet nichts, was in irgendeiner Hinsicht eine Verbindung wäre – eine Koexistenz, eine Synchronie, und wäre sie ideal – zwischen Gliedern. Der Unendliche kann für ein Denken, das dem Ende entgegengeht, nicht bedeuten, und das Zu-Gott ist keine Finalität. Es ist vielleicht diese Irreduzibilität des Zu-Gott oder der Furcht vor Gott auf das Eschatologische, durch die sich beim Menschen das Bewußtsein unterbricht, das dem Sein in seiner ontologischen Ausdauer zustand oder dem Tod, den es für den letzten Gedanken hält; diese Irreduzibilität bedeutet, jenseits des Seins, das Wort Ruhm. Die Alternative zwischen Sein und Nichts ist nicht die letzte. Das Zu-Gott ist kein Prozeß des Seins: im Ruf werde ich auf den anderen Menschen verwiesen, durch den dieser Ruf bedeutet, auf den Nächsten, um den ich zu fürchten habe.[127]

In derselben Partitur gebrauchte Lévinas gelegentlich das Wort à-Dieu auch anders, in einem anderen Register. Sicher wollte er dasselbe sagen, aber auf einer nicht so meisterhaften Höhe. Mit einer Art lächelndem Murmeln begann er im selben Jahrzehnt gleichzeitig dem Leben adieu zu sagen. Wie jemand, der fühlt und weiß, daß er altert und daß die Zeit ein Adieu ist, sagte er das, was à-Dieu heißt, in einem bestimmten Alter, und wie er sich daraufhin dieses Wortes à-Dieu bediente, alles, was er in dieses Wort hineinlegte (»wie ich mich jetzt ausdrücke«), und woran wir erinnert haben, zum Beispiel die Verletzlichkeit:

Ich bestreite nicht, daß wir uns de facto in einer solchen Welt befinden, aber es ist dies eine Welt, in der wir entstellt sind. Die Verletzlichkeit ist das Vermögen, von dieser Welt Abschied zu nehmen. Man nimmt von ihr Abschied, indem man altert. Die Zeit dauert als dieses Abschiednehmen und als dieses Zu-Gott.[128]

Und dann auch das Zu-Gott als Zeit, genauer als Zukunft *»entsprechend meiner Eigenart, die darin besteht, die Zeit vom Anderen aus zu behandeln«*:

Die Zeit ist in ihrem Sinne (wenn man von Sinn sprechen kann ohne Intentionalität: ohne intentionale Schau, ja selbst ohne Meinen) geduldiges Warten auf Gott, Geduld des Unmaßes (in meiner jetzigen Ausdrucksweise: ein Zu Gott); aber Warten ohne Erwartetes.[129]

Das letzte Wort soll Emmanuel Lévinas gehören. Ein Wort für den Waisen, ein Wort, dessen Adressaten wir nicht umgehen wollen, indem wir es etwa an jenen anderen Waisen von jeher richten, einen Waisen im Waisenhaus, an jenen vaterlosen Waisen, oder vielleicht auch, anders gesagt, an den Waisen ohne toten Vater, jenen Waisen, für welchen die *»unendliche Fruchtbarkeit«*, *»die Unendlichkeit der Vaterschaft«* und das *»Wunder der Familie«*[130] eine verbotene Gewißheit, der Ort einer älteren, noch unvordenklicheren Frage, die Dringlichkeit einer noch unersättlicheren Gastlichkeitssorge bleiben würden.

So halten wir uns im Augenblick an das, was Lévinas wörtlich an anderer Stelle ausgesprochen hat über die »sinaische Offenbarung« der Tora und über eine Übersetzung, eine noch *zu erfindende* Übersetzungsidee, fast wie die Politik selber:

Was bedeutet diese Formulierung vom himmlischen Ursprung der Tora? Im wörtlichen Sinne verstanden ist es sicher eine Bezugnahme auf die Offenbarung am Sinai, auf die göttliche Herkunft des Textes. Es kann nicht darum gehen, diesen Sinn zu verwerfen. Wenn es aber nicht möglich ist, die gelebte Bedeutung solcher Formulierungen zu beschreiben, kann man sich fragen, welche Erfahrung ihr nahekommt. *Das bedeutet* [...], *eine Übersetzung für sie zu suchen, die von dem eigentlich religiösen Überschuß der Wahrheit schon vorausgesetzt wird.* [...] Die Tora ist transzendent und vom Himmel durch ihre Forderungen, die letztlich gegen die reine Ontologie der Welt abstechen. Gegen das natürliche Beharren eines jeglichen Seienden in seinem eigensten Sein – fundamentales ontologisches Gesetz – *fördert sie die Sorge um den Fremden, die Witwe und den Waisen, die Besorgnis um den anderen Menschen.*[131]

Anmerkungen

1 *Le vocabulaire des institutions indo-européennes*, Paris, Ed. de Minuit, 1969, Bd. 1, S. 87 f.

2 *Totalität und Unendlichkeit*, a. a. O., S. 64. Über diesen Gedanken vom Meister, über den »Empfang des Meisters« und den »Empfang des Anderen« vgl. auch S. 141-143 und *passim*. Der Begriff *Ausdruck* wird seinerseits durch dieselbe Logik der Lehre und des »Aufnehmens« bestimmt: »Das Gegebene aufnehmen heißt, das Gegebene schon als Unterweisung aufnehmen – als Ausdruck des Anderen.« (S. 128)

3 *Totalität und Unendlichkeit*, S. 434. Hervorhg. v. mir.

4 *Totalität und Unendlichkeit*, S. 131.

5 Ich habe an anderer Stelle versucht, das über einen unterschiedlichen Weg aufzuzeigen, im Rahmen einer Diskussion des Dezisionismus von Schmitt. Ich sprach damals von »passiver Entscheidung«, von »unbewußter Entscheidung«, von der »Entscheidung des anderen«, um herauszufinden, was es heißt, »im Namen des anderen geben«, und habe zu behaupten versucht, daß »eine Theorie des Subjekts nicht in der Lage ist, der geringsten Entscheidung Rechnung zu tragen« (*Politiques de l'amitié*, Paris, Ed. Galilée, 1994, S. 86-88). Beim Versuch, sie in Frage zu stellen, habe ich mich auf die traditionelle und massiv herrschende Subjektdeterminierung bezogen, so wie sie unter sehr vielen anderen Schmitt selber zu vertreten scheint. Selbstverständlich ist es nicht diejenige, die Lévinas bevorzugt, wenn er die Subjektivität neu definiert; wir kommen darauf etwas weiter unten zurück.

6 »Subjektivität und Verwundbarkeit«, in: *Humanismus des anderen Menschen*, Hamburg, F. Meiner, 1989, S. 94.

7 »[...] Dieser Gedanke impliziert die philosophische Vorgängigkeit des Seienden vor dem Sein, einer Exteriorität, die sich nicht an das Können und an den Besitz wendet, eine Exteriorität, die nicht, wie bei Platon, auf die Innerlichkeit der Erinnerung zurückgeführt wird und dennoch das empfangende Ich unversehrt bewahrt.« (*Totalität und Unendlichkeit*, S. 59.)
Eine solche »Bewahrung der Unversehrtheit« wird natürlich

zum Namen und Ort aller zu erwartenden Probleme, genauso wie der Empfang, die An-archie, die Anachronie und die unendliche Dissymmetrie, welche die Transzendenz des Anderen erzwingt. Was wird denn aus dem unversehrten »Ich« beim bedingungslosen Empfang des Anderen? Was aus seinem Überleben, seiner Immunität und seinem Heil angesichts der ethischen Abhängigkeit von dieser anderen Subjektivität?

8 *Totalität und Unendlichkeit*, S. 110f.

9 *Ebd.*, S. 131.

10 *Ebd.*, S. 118.

11 *Ebd.*, S. 112. Hervorhg. v. mir. *»Dieses in der Rede von Angesicht zu Angesicht Ansprechen nennen wir Gerechtigkeit«*, sagt Lévinas auch (S. 95), der diese Formulierung hervorhebt und so die Gerechtigkeit noch vor dem Auftauchen eines Dritten ansetzt. Aber gibt es hier überhaupt irgendeinen Platz für dieses »vor«?

12 *Jenseits des Seins oder anders als Sein geschieht*, Freiburg/München, Verlag Karl Alber, 1992, S. 328. Schon *Totalität und Unendlichkeit* empfängt mit diesen Worten die »unausweichliche« Instanz des Dritten als »Sprache« und als »Gerechtigkeit«. Vgl. zum Beispiel S. 308, 443 usw. Wir kommen noch darauf zurück.

13 *Ebd.*, S. 153, Anm. 2.

14 *Ebd.*, S. 343. Dieser »Widerspruch im Sagen« hängt vielleicht mit jener (glücklichen oder unglücklichen) Fatalität zusammen, mit jenem Gesetz der Substitution, der Substitution als Gesetz: der Dritte unterbricht (entfernt), ohne das Von-Angesicht-zu-Angesicht mit der unersetzbaren Singularität des Anderen zu unterbrechen (entfernen). Darum spricht Lévinas hier von Entfernen (»Der Andere und der Dritte … entfernen mich vom Anderen und vom Dritten«) – und das ist Gerechtigkeit –, wohingegen er in *Totalität und Unendlichkeit* (S. 95) geschrieben hatte: *»Dieses in der Rede von Angesicht zu Angesicht Ansprechen nennen wir Gerechtigkeit.«*

15 Es ist eines der rekurrenten Analysethemen in den zwei Essays, die ich dem Werk Lévinas' gewidmet habe (»Violence et métaphysique«, in: *L'écriture et la différence*, Ed. Le Seuil, 1967, und »En ce moment même …«, in: *Psyché* …, Ed. Galilée, 1987).

16 »Paix et Proximité«, in: *Emmanuel Lévinas*, Cahiers de la nuit surveillée, 1984, S. 345. Lévinas hebt lediglich das Wort »einzig« hervor.

17 »In seiner ethischen Position ist das Ich unterschieden sowohl vom Bürger, der aus dem Gemeinwesen hervorgeht, als auch vom Individuum, das in seinem Egoismus jeder natürlichen Ordnung vorausgeht, dessen politische Philosophie aber seit Hobbes in dem Versuch oder der Leistung besteht, die gesellschaftliche oder politische Ordnung des Gemeinwesens zu strecken.« (»La souffrance inutile« [»Das unnötige Leiden«], *ebd.*, S. 338.)

18 *Totalität und Unendlichkeit*, S. 290f.

19 Wir befinden uns hier näher, als es vielleicht scheint, am Wortlaut von Aussagen, die in *Totalität und Unendlichkeit* an den Willen zum immer möglichen *Verrat* erinnern: »Der Wille, der seinem Wesen nach verletzlich ist – hat den *Verrat* in seinem Wesen.« (S. 335) »Damit bewegt sich der Wille zwischen seinem *Verrat* und seiner Treue; sie machen in ihrer *Gleichzeitigkeit* die eigentliche Qualität seines Könnens aus.« (S. 338) Hervorhg. v. mir.

20 Zum Beispiel, *Totalität und Unendlichkeit*, S. 64, 113, 118, 121, 124, 131, 143, 221, 434f. usw.

21 *Totalität und Unendlichkeit*, S. 222.

22 *Ebd.*, S. 222; von Lévinas sind hier nur die Worte »Sie« und »Du« hervorgehoben.

23 *Ebd.*, S. 223.

24 »Die Absolutheit der Anwesenheit des Anderen, die Absolutheit, die die Interpretation seiner Epiphanie in der außerordentlichen Geradheit des Du-Sagens rechtfertigte, ist nicht die einfache Anwesenheit ...« (*Humanismus des anderen Menschen*, Hamburg, Meiner, 1989, S. 58.) Es muß daran erinnert werden, daß in diesem Text jenseits des Seins eine Illeität angesetzt wird, eine »*Dritte Person*, die nicht durch das Sich-Selbst, durch die Selbstheit definiert werden kann.« Das »ille« dieser Illeität ist gekennzeichnet durch Unumkehrbarkeit und durch eine »Ungeradheit«, die hier anscheinend nicht negativ konnotiert ist. Eine gewisse »Geradheit« dagegen könnte die Transzendenz dieser Illeität auch reduzieren. Vgl. S. 54.

25 S. 226.

26 S. 377.

27 S. 380 f.

28 Paris, Fontaine, 1947.

29 1947, neu erschienen bei PUF (Quadrige), 1983; dt: Hamburg, Meiner, 1995.

30 *De l'existence à l'existant,* S. 144f.

31 S. 56ff.

32 *Totalität und Unendlichkeit,* S. 370, Hervorhg. v. mir.

33 Franz Rosenzweig: *Der Stern der Erlösung,* vierte Auflage. Haag, Martinus Nijhoff, 1976, S. 333. Lévinas zitiert auch im Kapitel »Die Fremdheit gegenüber dem Sein« aus *Humanismus des anderen Menschen,* S. 99, einen Vers aus dem Buch *Levitikus* (25,23): »Kein Land darf endgültig verkauft werden; denn das Land gehört mir, und ihr seid nur Fremde und Halbbürger bei mir.«

34 »En ce moment même dans cet ouvrage me voici«, in: *Textes pour Emmanuel Lévinas,* Place, 1980, wieder erschienen in: *Psyché, Inventions de l'autre,* Paris, Ed. Galilée, 1987. – Wir hatten schon weiter oben angemerkt, daß Lévinas viel später, besonders im Jahre 1985, auf die Logik dieser Gedanken noch einmal zu sprechen gekommen ist: »In der Zeit meines kleinen Buches mit dem Titel *Le temps et l'autre* [*Die Zeit und der Andere*] ging ich davon aus, daß die Weiblichkeit eine Modalität der Andersheit sei – das ›andere Geschlecht‹ – und daß Sexualität und Erotismus jene Nicht-Gleichgültigkeit dem anderen gegenüber wären, die nicht auf die formale Andersheit der Terme eines Ganzen zurückführbar sei. Heute glaube ich, daß man weitergehen muß und daß das Ausgesetztsein und die Blöße und das ›gebieterische Fordern‹ des Antlitzes des Anderen jene Modalität konstituieren, welche das Weibliche schon voraussetzt: die Nähe des Nächsten ist die nicht-formale Andersheit.« (Interview im Februar 1985 für die Wochenzeitschrit *Construire* [Zürich], geführt von L. Adert und J.-Ch. Aeschlimann.) Doch schon in *Jenseits des Seins ...* geht eine neue Phänomenologie der Haut, des einer Verletzung oder Liebkosung Ausgesetztseins von einer »Verantwortung vor dem Eros« aus (S. 113).

35 »Die Beziehung, die in der Wollust zwischen den Liebenden entsteht, widersetzt sich grundsätzlich der Universalisierung und ist ganz das Gegenteil der sozialen Beziehung. Sie schließt den Dritten aus, sie bleibt Intimität, Einsamkeit zu zweit, geschlossene Gesellschaft, das Nicht-Öffentliche schlechthin. Das Weibliche, das ist der Andere, der sich gegen die Gesellschaft wehrt, Glied einer Gesellschaft zu zweit, einer intimen Gesellschaft, einer Gesellschaft ohne Sprache.« (*Totalität und Unendlichkeit,* S. 387f.)

36 S. 226.

37 *Ebd.*

38 *Totalität und Unendlichkeit*, S. 442.

39 *L'Au-delà du verset*, 1982, S. 228.

40 *Totalität und Unendlichkeit*, S. 24.

41 S. 444.

42 »La proximité«, in: *Archives de philosophie*, Bd. 34, Heft 3, Juli bis Sept. 1971, S. 388, wieder aufgenommen in *Autrement qu'être ...*, S. 120.

43 Vgl. zum Beispiel *Autrement qu'être ...*, S. 230.

44 *Totalität und Unendlichkeit*, S. 432: »So haben wir die Überzeugung, mit der Philosophie des Neutrums gebrochen zu haben: mit dem heideggerschen Sein des Seienden, dessen unpersönliche Neutralität herauszustellen das kritische Werk Blanchots soviel beigetragen hat ...« – Da sich der Gedanke des Neutrums, wie er sich unaufhörlich in das Werk Blanchots einschreibt, keineswegs reduzieren läßt auf das, was Lévinas hier unter Neutrum versteht, steht noch eine gewaltige und abgrundtiefe Aufgabe im Raum. Lévinas ging später selbst darauf ein, und zwar im Zusammenhang mit dem Neutrum und dem *Es gibt*: »... kann man das Werk und das Denken von Maurice Blanchot gleichzeitig nach zwei Richtungen hin interpretieren« (*Maurice Blanchot*, Ed. Fata Morgana, 1975, S. 50). Eben, mindestens nach zwei Richtungen.

45 S. 222f. Diese Analysen werden im Kapitel »Phänomenologie des Eros« auf eine so faszinierende wie problematische Weise weiterentwickelt. Als solche waren sie schon vorgedacht in den Vorträgen von 1946/47, alle vereinigt unter dem Titel *Die Zeit und der Andere.* Wie wir hervorgehoben hatten: der Geschlechtsunterschied bedeutet dort nicht »irgendeine spezifische Differenz«, vielmehr eine »formale Struktur«, die jenseits des »Widerspruchs« oder der »Dualität zweier komplementärer Bezugspunkte« »die Wirklichkeit in einem anderen Sinne einteilt und die die eigentliche Möglichkeit der Wirklichkeit als einer vielfältigen bedingt, und zwar gegen die Einheit des Seins, die Parmenides proklamierte.« (S. 56f.) Das Weibliche ist dem Verbergen, der »Flucht vor dem Licht« und der »Schamhaftigkeit« anheimgestellt, es repräsentiert alles, was sich in der Anderheit dem Verhüllen/Enthüllen widersetzt, also auch einer gewis-

sen Determinierung der Wahrheit. Sie ist in Wahrheit Anderheit selbst, und so »vollzieht sich die Anderheit im Weiblichen« (S. 58f.).

46 »Die Offenheit kann in der Tat in mehrfachem Sinn verstanden werden«, heißt es auch in »Subjektivität und Verwundbarkeit«, *Humanismus des anderen Menschen*, S. 93. Der erste Sinn beträfe die Offenheit eines Objekts für alle anderen (Bezug auf Kants dritte Analogie der Erfahrung), der zweite die Intentionalität oder Ekstase der Ek-sistenz (Husserl und Heidegger). Der »dritte Sinn« ist für Lévinas von größerer Bedeutung; es ist derjenige der »Entblößung der Haut«, der »Verwundbarkeit einer Haut; sie wird in der Beleidigung und Verwundung dargeboten über all das hinaus ...«, der »Sinnlichkeit« »schutzlos ausgeliefert«, aber auch »offen wie eine Stadt, die man beim Nahen des Feindes zur offenen Stadt erklärt hat«. Unbedingte Gastlichkeit wäre diese Verwundbarkeit – gleichzeitig passiv, ausgesetzt *und* hingenommen.

47 *Totalität und Unendlichkeit*, S. 435.

48 S. 434.

49 *Jenseits des Seins ...*, S. 248.

50 S. 253, s.a. S. 260f., 284, 308f., 344, 362.

51 Diese Anspielung auf einen Abschnitt aus den *Klageliedern* (3,30) schreibt sich an anderer Stelle in eine diskrete Anfechtung seiner christlichen Wiederaufnahme ein, einer pathetischen und demütigenden, wenn nicht masochistischen Wiederaufnahme: »Die Verwundbarkeit ist mehr (oder ist weniger) als jene Passivität, die eine Form oder einen Stoß aufnimmt. [...] ›Er bietet die Wange dem, der ihn schlägt, und läßt sich sättigen mit Schmach‹, sagt auf bewundernswerte Weise ein prophetischer Text. Ohne daß wir eine ausdrückliche Untersuchung des Leidens oder der Demütigung (die Darbietung der anderen Wange) einschieben wollten, läßt uns der Text im ersten Dulden, im Dulden als Dulden, an eine unerträgliche und harte Zustimmung denken, die die Passivität beseelt und die sie bizarrerweise gegen ihren Willen beseelt, da doch die Passivität als solche weder Kraft noch Intention, weder guten noch schlechten Willen hat.« »Subjektivität und Verwundbarkeit«, in: *Humanismus des anderen Menschen*, S. 94.

52 *Jenseits des Seins ...*, S. 246ff.

53 Ich erlaube mir, hier noch einmal auf die Analysen von Benveniste hinzuweisen (das der Gastfreundschaft gewidmete Kapitel in seinem *Vocabulaire des institutions indo-européennes*). Sie laden zu einer eingehenden Lektüre und vielen Fragen ein, die wir im Augenblick im Raum stehenlassen müssen.

54 *Jenseits des Seins* ..., S. 261.

55 *Ebd.*, S. 248.

56 *Ebd.*, S. 274. Auf der vorhergehenden Seite wurde bejahend geantwortet auf die Frage eines Bandes zwischen der Erwählung und der Verantwortung des einzigen Subjekts, paradoxerweise einzig und unersetzbar, insofern es der Stellvertretung unterworfen ist. »Hat nicht das *Gute* das Subjekt in einer Erwählung erwählt, die erkennbar ist an der Verantwortung als Geisel, zu der das Subjekt bestimmt ist, der es sich nicht entziehen kann, ohne sich zu verleugnen, und durch die es einzig ist?« (S. 272) Die Analyse dieser Situation trägt der absoluten *Verspätung* Rechnung, welche die Autorität des Gegenwärtigen bzw. der anamnetischen Vergegenwärtigung verdrängt, die Freiheit, nicht aber die Verantwortung des moralischen Subjekts einschränkt (die von Hiob zum Beispiel, der für ein Böses verantwortlich sein konnte, das er »nie hatte tun wollen«) und die ganze Logik der Geisel an der Unbedingtheit eines *Ja* festmacht, das älter ist als die kindliche oder vorkritische Spontaneität eines Ja als eines »sich-der-Kritik-Aussetzens«.
Descartes wurde schon herbeizitiert und *als Zeuge aufgerufen* (»... wie in unwiderlegbarer Weise Descartes' *Dritte Meditation* bezeugt«) in *Totalität und Unendlichkeit*, und zwar genau da, wo das *ego cogito* neu eingeschrieben wurde: ein seiner Erwählung ausgeliefertes Subjekt, dafür verantwortlich, noch einmal *Ja* sagen zu müssen als Antwort auf ein erstes *Ja*, auf einen ersten Appell, von dem wir weiter oben gesagt hatten, daß er wie jedes *Ja*, und sei es das erste, schon *Antwort* ist: »In der Negativität, die sich im Zweifel manifestiert, bricht das Ich mit der Teilhabe, aber im *Cogito* allein findet es keinen Halt. Nicht ich – der Andere kann *Ja* sagen. Von ihm kommt die Bejahung. Er ist am Anfang der Erfahrung. Descartes sucht eine Gewißheit und hält schon auf der ersten neuen Stufe in dem schwindelerregenden Abstieg inne. [...] wer die Idee des Unendlichen besitzt, hat den Anderen bereits empfangen.« (S. 131) Das *Ja* des Anderen

empfangen zu haben, jene Unendlichkeit in der Trennung oder, anders gesagt, in der Heiligkeit freudig zu begrüßen – darin liegt die Erfahrung des *A-Dieu*. Das Adieu wartet nicht auf den Tod, aber es grüßt, antwortet auf und ruft in der Beziehung zum Anderen, insofern dieser nicht *ist*, insofern er aus dem Jenseits des Seins ruft, *zu Gott* im Jenseits des Seins, sofern das *Ja* des Glaubens nicht unvereinbar ist mit einem gewissen Atheismus oder zumindest mit einer *gewissen* Vorstellung von der *Nicht-Existenz* Gottes (jenseits des Seins). Wir werden uns später dem Gebrauch nähern, zu dem Lévinas dieses Wort *à-Dieu* fortgezogen hat. Die Erfahrung des *A-Dieu* kann sich schweigend vollziehen, sie wird deswegen nicht weniger glaubwürdig. Wir sprechen hier aus ihr heraus, auch wenn wir leise sprechen, und auf sie kommen wir zurück, auf diese so unendlich schwierige Vorstellung, der Lévinas in französischer Sprache, mit Hilfe seines Idioms und an ihm ausgerichtet, eine einmalige Chance eingeräumt hat, eine seltene, mit einem Wort gleichzeitig einzige, mehr als alte, eröffnende – und unersetzliche Ökonomie: stets übersetzbar in Sätze natürlich, somit aber auch der Albernheit des Geschwätzes ausgesetzt.

57 *Totalität und Unendlichkeit*, S. 307 ff. Wie man sieht, war die Frage nach dem Dritten in *Totalität und Unendlichkeit* nicht nur gegenwartig, sondern auch entwickelt worden. So ist man ein wenig überrascht über das Zugeständnis, das Lévinas einem seiner Gesprächsteilnehmer macht. Dem Subjekt des Dritten und der Gerechtigkeit scheint er zuzugestehen, daß *Totalität und Unendlichkeit* ihm noch keine adäquaten Analysen gewidmet hat: »... das Wort ›Gerechtigkeit‹ [ist] viel eher in der Beziehung mit dem Dritten angebracht als in der Beziehung mit dem Anderen. Doch ist in Wirklichkeit die Beziehung mit dem Anderen niemals einzig und allein die Beziehung mit dem Anderen: von vornherein wird im Anderen der Dritte vergegenwärtigt; im Erscheinen des Anderen als solchen sieht mich und geht mich bereits der Dritte an. [...] Ihre Unterscheidung ist in jedem Fall richtig [...] Die in ›Totalité et Infini‹ verwendete ontologische Sprache ist keineswegs eine festlegende Sprache. In ›Totalité et Infini‹ ist die Sprache ontologisch, weil sie vor allem nicht psychologisch sein will.« (*Wenn Gott ins Denken einfällt*, Verlag Karl Alber, Freiburg/München, 1988, S. 101 f.)

58 *De Dieu qui vient à l'idée*, S. 114.
59 *Jenseits des Seins ...*, S. 268.
60 *Humanismus des anderen Menschen*, a.a.O., S. 59.
61 *Ebd.*, S. 58f.
62 E. Lévinas, *Stunde der Nationen. Talmudlektüren*, München, Wilhelm Fink Verlag, 1994, S. 147f.
63 *L'Au-delà du verset*, a.a.O., S. 226.
64 Ganz allgemein, aber insbesondere mit Hinblick auf Lévinas' Denken über Brüderlichkeit (vgl. *Politique de l'amitié*, Paris, Ed. Galilée, 1994, S. 338). Lévinas trifft sich hier u. a. mit dem Kant der *Tugendlehre* und der *Ethischen Elementarlehre*, da, wo ich sie ausführlich zu analysieren versuche (*ebd.*, S. 283-294) und davon ausgehe, daß »die Bestimmung der Freundschaft als Brüderlichkeit uns doch etwas Wesentliches hinsichtlich der Ethik mitteilt«.
Kant: »... die Vorstellung und Beherzigung der *Gleichheit* unter Menschen [...], gleichsam als Brüder unter einem allgemeinen Vater, der Aller Glückseligkeit will.«
Lévinas: »Der eigentliche Status des Menschlichen impliziert die Brüderlichkeit und die Idee der menschlichen Gattung. [...] Sie setzt andererseits die Gemeinschaft des Vaters voraus, so als ob die Gemeinschaft der Gattung keine genügende Nähe verschaffte.« (*Totalität und Unendlichkeit*, S. 310.)
Um das Geschick dieser Brüderlichkeit über die Familie hinaus weiterverfolgen zu können bis in die Ordnung der Justiz und der Politik hinein, muß dem Rechnung getragen werden, was Lévinas wie beiläufig über das Nichtzusammenfallen mit der Einzigkeit, also dem Sich, erwähnt, und das ist das plötzliche Auftauchen der Gleichheit, also schon des Dritten: »Meine Verantwortung gegenüber einem Antlitz, das mich wie ein absolut fremdes ansieht – und die Epiphanie des Antlitzes fällt mit diesen beiden Momenten zusammen –, macht das ursprüngliche Geschehen der Brüderlichkeit aus. Die Vaterschaft ist keine Kausalität: Sie ist die Stiftung einer Einzigkeit, mit der die Einzigkeit des Vaters eins ist und nicht eins ist. Das Nichtzusammenfallen besteht konkret in meiner Stellung als Bruder; es impliziert andere Einzigkeiten neben mir; auf diese Weise resümiert meine Einzigkeit gleichzeitig die Genügsamkeit des Seienden und mein Sein als Teil, meine Stellung im Angesicht

des Anderen als Antlitz. In diesem Empfang des Antlitzes wird die Gleichheit gestiftet. [...] Man kann sie nicht ablösen vom Empfang des Antlitzes, von dem sie ein Moment ist.« (*Ebd.*, S. 309f.)
Auch müßten viel weiter verfolgt werden die Ausführungen dieser Analyse in »Die Transzendenz und die Fruchtbarkeit« und vor allem in »Kindschaft und Brüderlichkeit«. Kindschaft wird dort vor allem, wenn nicht nur als »Beziehung Vater–Sohn« determiniert. Sie schreibt auch die Gleichheit in die Erwählung ein: »Jeder Sohn des Vaters ist einziger Sohn, auserwählter Sohn« ... »seinem *einzigen* Kind«. Und dank dieser »eigentümliche[n] Konstellation der Familie« ist die »Brüderlichkeit die eigentliche Beziehung mit dem Antlitz; in ihr vollzieht sich gleichzeitig meine Auserwählung und die Gleichheit ...«. Danach ist es die Schlußfolgerung auf den »Dritten« und das soziopolitische »Wir«, das die »Struktur der Familie« mit einschließt (S. 407-409). Vgl. a. *Jenseits des Seins* ..., S. 309, 334 und *passim.* »Ist sie nicht durch die der menschlichen Brüderlichkeit eingeschriebene Struktur des der-Eine-für-den-Anderen geleitet – eingeschrieben dem *der-Eine-Hüter-seines Bruders* – dem *der Eine-verantwortlich-für-den Anderen* ...?« Das »blieb gleichwohl für Platon unverständlich und sollte ihn dazu bringen, einen Vatermord an Parmenides zu begehen«. »Die Einheit der Gattung Mensch nämlich gibt es erst *später als die Brüderlichkeit.*« (*Ebd.*, S. 360f.)

65 *Stunde der Nationen* ..., S. 148.

66 *Ebd.*

67 Ein solcher Diskurs über die Stellvertretung bringt sich zuallererst auf dem Hintergrund einer bodenlosen Geschichte in Erinnerung. Wir sprachen vorhin, Lévinas zitierend, von einer »jüdisch-christlichen Spiritualität«. Wir kommen nicht umhin, zunächst auch um den Islam mit einzubeziehen und ihn dazu anzuhören, uns eines Tages geduldig Fragen zu stellen in Hinblick auf so manche Verwandtschaften, Analogien, Synonymien und Homonymien, egal, ob sie, bisweilen ohne Wissen der Autoren selber, Zufallsbegegnungen entsprechen oder noch tieferen, wenn auch abwegigen bzw. umgeleiteten Notwendigkeiten. Das auffälligste (wenn auch am wenigsten wahrgenommene) Beispiel in Frankreich bleibt das eines anderen Denkens der

Stellvertretung, es durchzieht unter diesem Namen das ganze Werk und das ganze Abenteuer Louis Massignons. Der Wortbegriff »Stellvertretung« verdankt sich hier Huysmans – den Lévinas übrigens schon recht früh erwähnt, seit *De l'existence à l'existant* – »zwischen 1940 und 1945« – und steht in der Tradition einer gewissen christlichen Mystik (Bloy, Foucauld, Claudel, Autor von *L'otage* [*Die Geisel*], usw.), der Massignon treu bleibt; er inspirierte letzteren zu einem ganzen Gedankengebäude über die »geheiligte Gastlichkeit«, eine grundlegende Bezugnahme auf die Gastlichkeit Abrahams – oder Ibrahims – und die Einrichtung der *Badalyja* im Jahre 1934 – ein Wort, das dem arabischen Vokabular von »Stellvertretung« angehört: »jene Seelen, an deren Stelle wir treten wollen, ›*Faden Badalyja*‹, indem wir sie freikaufen an ihrer Stelle und zu unseren Lasten ...«, besagen die Statute der *Badalyja*, wo auch fettgedruckt das Wort *»Geisel«* steht: »wir bieten uns und unser Leben nunmehr *als Geisel* an«, Louis Massignon, *L'hospitalité sacrée*, Paris, Nouvelle Cité, 1987, S. 373f. *Geisel* steht wieder fettgedruckt auf die erste Person bezogen (»ich wurde zur *Geisel* gemacht«) in einem vertraulichen Brief aus dem Jahre 1947, S. 241. Vgl. a. S. 171-173, 262f., 281 (»brüderliche Stellvertretung«), S. 300f. und *passim*. Auch der Gebrauch des Wortes »Verfolgung« steht bis zu einem bestimmten Punkt (aber welchem?) in Einklang mit dem von Lévinas (vgl. zum Beispiel S. 305), aber an einer »Front islamisch-christlichen Betens«. Vgl. auch »Le Linceul de feu d'Abraham«, in: *Parole donnée*, Paris, Seuil, 1983.

68 *Stunde der Nationen. Talmudlektüren*, a.a.O., S. 149.

69 *Ebd.*

70 *Ebd.*, S. 150.

71 *L'Au-delà du verset*, S. 216.

72 *Ebd.*, S. 219.

73 *Ebd.*, S. 215.

74 *Ebd.*, S. 209.

75 Zum Beispiel in »Séparation des biens« [»Gütertrennung«] (in: *L'Herne*, S. 465). Lévinas trägt dort ein zweifelsohne legitimes und rechtmäßiges Argument vor (der Staat Israel »zählt Bürger aller Konfessionen. Seine religiöse Partei ist weder Einheitspartei noch die einflußreichste«), mit dem aber diejenigen Schwierigkeiten hätten, die den »Laizismus« dieses Staates bezweifeln.

76 »Au-delà de l'Etat dans l'Etat«, in: *Nouvelles lectures talmudiques,* Paris, Ed. de Minuit, 1996, S. 63.

77 *Ebd.*, S. 62.

78 *Ebd.*, S. 64.

79 *Ebd.*, S. 48.

80 *L'Au-delà du verset,* S. 220. Hervorhg. v. mir.

81 *Ebd.*, S. 225.

82 *Ebd.*, S. 227.

83 *Ebd.*, S. 228.

84 *Ebd.*, S. 227.

85 *Ebd.*, S. 224. Hervorhg. v. mir.

86 *Ebd.*, S. 226f.

87 *Ebd.*, S. 227f.

88 *Zum ewigen Frieden,* in: Werke in sechs Bänden, Frankfurt/M., Insel Verlag 1964, Bd. VI, S. 203.

89 »Avances«, Vorwort zu Serge Margel, *Le tombeau du Dieu artisan,* Paris, Ed. de Minuit, 1995.

90 Vgl., unter vielen anderen Beispielen, »Pensée et Sainteté«, in: *A l'heure des nations,* S.128.

91 Meines Wissens spricht Lévinas nirgends von Schmitt. Dieser Theoretiker des Politischen befindet sich genau an den Antipoden von Lévinas, mit dem ganzen Vorrat an Paradoxen und Umkehrungen, die ein absoluter Gegensatz in sich bergen kann. Schmitt ist nicht nur ein Denker der Feindlichkeit (und nicht der Gastlichkeit), er setzt den Feind nicht nur an den Ursprung einer »Politik«, die nicht auf das Ethische oder das Rechtliche zurückgeführt werden kann. Er ist seiner eigenen Einschätzung zufolge eine Art katholischer Neuhegelianer mit dem wesentlichen Bedürfnis, sich an ein Totalitätsdenken zu halten. In dieser Hinsicht würde ein solcher Feindesdiskurs als Totalitätsdiskurs, wenn man so sagen kann, für Lévinas den absoluten Gegner verkörpern. Uneingeschränkter noch als Heidegger, scheint es. Denn dieser erliegt weder einem »Politismus« noch dem Reiz einer als hegelianisch vorausgesetzten Totalität. Die Frage des Seins geht mit ihrer Transzendenz (*epekeina tes ousias,* die Heidegger auch oft zitiert) über die Totalität des Seienden hinaus. Insofern war das Durchbrechen der Totalität zumindest in seiner Förmlichkeit eine Bewegung, deren Notwendigkeit Heidegger nicht weniger als Rosenzweig anerkannt hat. Von da-

her die angespannte und schwankende Verwicklung einer Erbschaft.

92 *Totalität und Unendlichkeit*, S. 250.

93 *Ebd.*

94 *Ebd.*, S. 446.

95 *Ebd.*, S. 435, vgl. a. S. 444 u. *passim.*

96 *Ebd.*, S. 437 u. *passim.*

97 *Ebd.*, S. 436, S. 444.

98 *Ebd.*, S. 250 f., Hervorhg. v. mir.

99 *Ebd.*, S. 445.

100 *Ebd.*, S. 446.

101 *Ebd.*, S. 435.

102 *Ebd.*, S. 435 f.

103 *Jenseits des Seins* ..., S. 249.

104 Ebd., S. 160, Anm. 56.

105 *Wenn Gott ins Denken einfällt*, a.a.O., S. 219f.

106 *Ebd.*, S. 19f., Hervorhg. v. mir.

107 So zum Beispiel fährt Lévinas fort, nachdem er die Hingebung des Zu-Gott erwähnt hat (s.o.: »Eine Weise, verurteilt zu sein, die Hingebung ist«): »Hingebung, die in ihrem Desinter-esse gerade nicht ein Ziel verfehlt, sondern die – durch einen Gott, ›der den Fremden liebt‹ eher, als daß er sich zeigt – umgewendet wird hin zum anderen Menschen, für den ich verantwortlich zu sein habe. Verantwortung ohne Sorge um Gegenseitigkeit: ich habe für den Anderen verantwortlich zu sein, ohne mich um die Verantwortung des Anderen für mich zu kümmern. Beziehung ohne Wechselbeziehung oder Liebe zum Nächsten, die Liebe ohne Eros ist. Für-den-anderen-Menschen und dadurch Zu-Gott!« (*Wenn Gott ins Denken einfällt*, S. 20.) Oder auch: »Doch die Verpflichtung dieses ›tiefen Einst‹ des Unvordenklichen kommt auf mich zurück als Befehl und Forderung, als – im Antlitz des anderen Menschen – Gebot eines Gottes, der ›den Fremden liebt‹, eines unsichtbaren, nicht thematisierbaren Gottes [...] Unendlicher, dem ich durch ein nicht-intentionales Denken ergeben bin, und keine Präposition unserer Sprache – nicht einmal das à, auf das wir zurückgreifen – vermag die Ergebenheit dieses Denkens zu übersetzen. *Zu*-Gott, von dem die diachrone Zeit die einzige Chiffre ist, zugleich Ergebenheit und Transzendenz.« (*Ebd.*, S. 219f.)

108 E. Lévinas, *Jenseits des Buchstabens*, Bd. 1: »Talmud Lesungen«, Frankfurt/M., Verlag Neue Kritik, 1996, S. 76.

109 Zu diesem Kapitel verweise ich vor allem auf Daniel Payot, *Des villes-refuges, Témoignage et espacement*, Ed. L'Aube, 1992. Ich beschäftige mich damit unter einem anderen Blickwinkel in *Cosmopolites de tous les pays, encore un effort!*, Ed. Galilée, 1997.

110 *Psalm* 132,13, Luther-Übersetzung.
Dieser Vers wird neu übersetzt, interpretiert, meditiert und wieder eingeschrieben in *Chant d'Outre-Tombe* von Michael Govrin, vor allem im Sinne einer Lektüreeinführung in das Jerusalem Celans (*»Sag, daß Jerusalem ist ...«*), in: *Le passage des frontières*, Ed. Galilée, 1994, S. 228. »Leidenschaft, die das Abendland seit fünfundzwanzig Jahrhunderten nicht losläßt. Die nämlich, jene Stadt-Frau-Wunde zu erobern. Leidenschaftlicher Wahn [...]. Begehren, Jerusalem zu sein, es zu besitzen. [...] das Begehren, sein Eroberer zu sein, der einzige Besitzer und Liebhaber; diese ausschließliche Leidenschaft könnte den Gott der Bibel zum Vorbild haben.«

111 *Jenseits des Buchstabens*, S. 57f.

112 *Ebd.*, S. 63.

113 *Ebd.*, S. 60.

114 *Ebd.*, S. 64 f.

115 *Ebd.*, S. 65.

116 *Ebd.*, S. 68.

117 *Totalität und Unendlichkeit*, S. 443.

118 So zum Beispiel: »In den Augen des Anderen sieht mich der Dritte an – die Sprache der Gerechtigkeit [...] Der Arme, der Fremde präsentiert sich als Gleicher. Angesichts dieser wesentlichen Armut besteht seine Gleichheit darin, sich auf den Dritten zu beziehen; auf diese Weise ist in der Begegnung der Dritte gegenwärtig, und schon mitten in seiner Not dient ihm der Andere. Er *verbindet* sich mit mir. Aber er verbindet mich mit sich im Dienst, er befiehlt mir wie ein Meister. [...] Das prophetische Wort antwortet wesentlich auf die Epiphanie des Antlitzes [...] als irreduzibles Moment der Rede; es wird wesentlich hervorgerufen durch die Epiphanie des Antlitzes, sofern das Antlitz in den Augen, die mich ansehen, die Gegenwart des Dritten, ja der gesamten Menschheit bezeugt.« (S. 308f.)

119 Vgl. z. B. *Totalität und Unendlichkeit*, S. 432.

120 *Jenseits des Buchstabens* ..., S. 75f. Die Wörter »Streben« und »Hoffnung« wurden von mir hervorgehoben. Auf eines sollte geachtet werden: wenn er versucht, den jüdischen Staat vom Partikularismus oder vom Nationalismus zu unterscheiden, spricht Lévinas nicht so sehr von einem gegenwärtigen Faktum, sondern von einer Möglichkeit, einer Verheißung für die Zukunft, von einem »Streben«, einer Verbindlichkeit (s. o., S. 103, einer »Hoffnung« oder einem »Projekt«. »Daß die Geschichte des jüdischen Volkes oder die *Hoffnung* auf einen jüdischen Staat auf Erden immer wesentlich war, mag im Hirn eines Sartre die souveräne und großartige Architektur der Hegelschen Logik Zweifeln unterzogen haben, doch bedeutet das nicht gleichzeitig, daß besagter Staat sich nicht auf eine *rein politische* Geschichte hin *öffnet*, wie sie von Siegern und hochfahrenden Wesen beschrieben wird? Und daß ein solches *Projekt*, weit davon entfernt, einen *nationalistischen Partikularismus* zu bedeuten, eine der Möglichkeiten der schwierigen Menschlichkeit des Menschen ist?« Diese Zeilen stehen am Ende einiger Seiten, die Lévinas kurz vor dessen Tode Sartre gewidmet hat: »Un langage qui nous est familier« [»Eine Sprache, die uns vertraut ist«], in: E. Lévinas, *Les Cahiers de la nuit surveillée*, Verdier, 1984, S. 328. In seiner weiteren Entwicklung nach den *Réflexions sur la Question juive* wies Lévinas stets nachdrücklich auf Sartres Treue zum Staate Israel hin, »trotz allen Äußerungen des Verständnisses für den palästinensischen Nationalismus und dessen gerechter Leiden ...«, S. 327. Doch der Ausdruck »palästinensischer Nationalismus« wird dem des »israelischen Nationalismus« nie gleichgestellt. Wenn er schreibt: »Was Israel im Heiligen Land herbeiführt, ist weder Nationalismus noch eine weitere Sekte« (»Séparation des biens«, a. a. O., S. 465), dann klingt auch »die religiöse Größe« des zionistischen Projekts mit an. »Man trägt die Bibel nicht ungestraft mit sich im Gepäck.« (*Ebd.*) Vergessen wir nicht, vergessen wir niemals, daß dieselbe Bibel auch im Gepäck der Palästinenser mitreist, seien sie Mohammedaner oder Christen. Gerechtigkeit und Tertialität.

121 *1. Buch der Könige*, 19, 13-15.

122 »*A priori* einer Stellvertretung ausgesetzt« – das heißt vielleicht: noch »vor« jedem Opfer, unabhängig von der Opfererfahrung, auch wenn diese gerade darin ihre Möglichkeit finden könnte.

Hat dieses *a priori* (gleichzeitig formal und als Begriff) überhaupt im Diskurs von Lévinas einen Platz als Wort und als Begriff? Das ist nicht sicher. Es geht um die gewaltige Frage des Verhältnisses zwischen Stellvertretung und Opfer, zwischen Geisel-Sein, Gast-Sein und Opfererfahrung. Lévinas gebraucht häufig das Wort »Opfer«, um die »dem Willen vorausgehende Stellvertretung« zu bezeichnen (zum Beispiel in *Jenseits des Seins*..., S. 164), auch wenn er dieses Wort auf seinen jüdischen Sinn, Annäherung, zurückstutzt (»Annäherung in dem Maße, wie sie Opfer ist ...«, *ebd.*, S. 165).

123 Vgl. diejenigen, die von Catherine Chalier zusammengestellt und herausgegeben wurden unter den Titeln »Epreuves d'une pensée« und »Quelques réflexions sur la philosophie de l'hitlérisme« in dem Emmanuel Lévinas gewidmeten Heft von *L'Herne*, hrsg. von Catherine Chalier und Miguel Abensour, Ed. de L'Herne, 1991.

124 »Mit der Säkularisierung aller geistigen Werte, die sich im Laufe des 19. Jahrhunderts vollzogen hat, sind sowohl nationalistische Lehren entstanden als auch jene leichte Assimilierung, die ganz einfach das Verschwinden des Juden in die Wege geleitet hat. Zwei Arten, der Tatsache der Diaspora zu entkommen und auf sie zu verzichten; zwei Wege, die zu begehen sich die Allianz immer geweigert hat. Er ist seiner uralten Bestimmung immer treu geblieben. Er verkündete, daß das Judentum nur eine Religion sei, und verlangte von den Juden mehr – und nicht weniger – als einen jüdischen Nationalismus, er bot ihnen eine Aufgabe, die würdiger ist als die Judaisierung.« »L'inspiration religieuse de l'alliance«, 1935, in: *L'Herne*, a.a.O., S. 146.

125 Oder eines Gleichnisses? »Einem talmudischen Gleichnis zufolge befanden sich alle vergangenen, gegenwärtigen und zukünftigen Juden am Fuße des Sinai, in gewisser Hinsicht waren sie alle gegenwärtig in Auschwitz.« (»Séparation des biens«, a.a.O., S. 465.)

126 Vorlesung *Sur la mort et le temps* [*Über den Tod und die Zeit*], in: *L'Herne*, a.a.O., S. 68, aufgenommen in *Dieu, la mort et le temps*..., S. 122.

127 »La conscience non intentionnelle«, in *L'Herne*, a.a.O., S. 118f.

128 *Wenn Gott ins Denken einfällt*, S. 103.

129 *Ebd.*, S. 124.

130 Und noch einmal das »Wunder der Familie« zwischen – oder jenseits von – Hegel, Kierkegaard und Rosenzweig: »Die Situation, in der sich das Ich im Angesicht der Wahrheit setzt, indem es seine subjektive Moral in die unendliche Zeit der Fruchtbarkeit legt – Situation, in der sich der Augenblick der Erotik und die Unendlichkeit der Vaterschaft vereint finden –, diese Situation konkretisiert sich im Wunder der Familie. Sie ist nicht nur das Resultat einer vernünftigen Einrichtung der Animalität, sie markiert nicht nur eine Etappe auf dem Wege zur anonymen Universalität des Staates. Die Familie bildet ihre Identität außerhalb des Staates, selbst wenn der Staat ihr einen Rahmen zur Verfügung stellt.« (*Totalität und Unendlichkeit*, S. 446.)
Keine der Fragen, zu denen diese Auslegungen der Familie und der Vaterschaft anregen könnten, sollte uns blind machen für irreduktible Komplikationen: nicht nur, und darauf hatten wir hingewiesen, bedeutet das weibliche Sein als »Empfangendes schlechthin« den Ursprung aller Ethik, die *Vaterschaft* reduziert sich niemals auf *Männlichkeit*, etwa in dem Sinne, daß sie in der Familie die Ordnung des Geschlechtsunterschieds stören würde. Wir haben weiter oben dieses Paradox benannt: die Vaterschaft ist mit Hinblick auf den Staat die Anarchie selbst. Die Männlichkeit der heldenhaften Tugend wird dagegen häufig mit einer negativen Konnotation assoziiert, mit dem Krieg und mit dem Staat. Auf der letzten Seite von *Totalität und Unendlichkeit* wird von dem Wort *männlich* ein Gebrauch gemacht, der überall sonst derselben Regel unterworfen wird. Jedesmal handelt es sich um politischen und kriegerischen Mut mit Todesgefahr in der *endlichen* Zeit des Staates, im Gegensatz zur unendlichen Fruchtbarkeit des Verhältnisses Vater/Sohn. »An den Antipoden des lebendigen Subjekts in der unendlichen Zeit der Fruchtbarkeit steht das isolierte und heldenhafte Sein, das der Staat und dessen männliche Tugenden hervorbringen.«

131 *Stunde der Nationen*, S. 98f. Hervorhg. v. mir.

Inhalt

Bei Fragen zur Produktsicherheit wenden
Sie sich bitte an den Carl Hanser Verlag:
Vilshofener Straße 10, 81679 München
info@hanser.de